ALFREDO BRYCE ECHENIQUE

Una *vida* de *novela*

AGUILAR

AGUILAR

ALFREDO BRYCE ECHENIQUE
Una vida de novela
Esta es una obra colectiva, concebida, diseñada y desarrollada en el área de Ediciones Generales de Santillana S. A.
© De esta edición:
2010, Santillana S.A.
Av. Primavera 2160, Santiago de Surco, Lima, Perú
Tel. 313-4000

ISBN: 978-9972-848-36-0
Hecho el depósito legal en la Biblioteca Nacional del Perú N° 2010-03523
Registro de Proyecto Editorial N° 31501401000249
Primera edición: abril 2010
Tiraje: 2000 ejemplares

Desarrollo gráfico: fabrica**de**ideas**.pe**
Dirección de arte: Xabier Díaz de Cerio
Diseño y diagramación: Roger Hiyane, Juan José Kanashiro
Fotografía: Musuk Nolte, Archivo Alfredo Bryce

Impreso en el Perú - Printed in Peru
World Color Perú S. A.
Los Frutales 344, Lima 3 - Perú

índice

agradecimientos

Queridas Mercedes González y Mayte Mujica, ustedes vinieron de la nada con un homenaje demasiado grande para mí: es este libro y yo soy el eternamente agradecido.

Presentación

Los homenajes tienen un aire solemne que no viene a cuento si hablamos de Alfredo Bryce. Por eso no diremos que este libro constituye un homenaje por sus setenta años cumplidos ni por los cuarenta que en el 2010 alcanzará *Un mundo para Julius*. Digamos, mejor, que es una celebración. Celebramos a Bryce y a sus libros que son y no son lo mismo. Como ningún otro escritor, él ha tenido la coherencia de llevar la ficción como si fuera su vida y hacer de su vida literatura. Su humor e ironía constituyen potentes antivirales contra todo lo feo, lo cruel, lo doloroso y lo ordinario. Sus personajes son entrañables y las ciudades que ellos habitan, memorables. Hay una Lima de Bryce, un París de Bryce, una España de Bryce. Y entre la realidad real y la realidad de Alfredo Bryce, nos quedaremos siempre con la segunda. Como ocurre con la obra de todos los grandes escritores, la de Bryce constituye una visión del mundo o, mejor, un mundo en sí misma, un mundo poblado de personajes con cierta fragilidad a los que les ocurre de todo. Como los grandes escritores, porque Bryce es de los grandes, de voz inconfundible e inimitable: la oralidad, el escribir como se habla, crea un puente entre ficción y realidad, la sensación en el lector de estar presenciando, de estar escuchando y no leyendo. Él, que ha hecho de la amistad un apostolado, que vive y escribe para y sobre sus amigos, ha creado una literatura que refugia, que alegra, que entristece. Sus novelas y relatos serán siempre un sacudón que, al mismo tiempo, nos rescatará del adormecimiento y nos arrojará hacia una honesta vulnerabilidad.

PASO
A
PASO

*Vida y obra
de Bryce
Echenique*

Con sus abuelos maternos,
Francisco Echenique Bryce y
Teresa Basombrío Gastañeta.

1939

El 19 de febrero, en Lima, Perú, nace Alfredo Bryce Echenique. Sus padres son Francisco Bryce Arróspide y Elena Echenique Basombrío. Su bisabuelo, José Rufino Echenique, fue presidente del Perú en 1851.

1946

Estudia la primaria en el colegio norteamericano Inmaculado Corazón.

1952

Pasa al colegio Santa María, donde estudia primero y segundo de secundaria.

1954

Con quince años, ingresa al recién fundado internado británico San Pablo, en Chosica, donde termina la secundaria.

1957

Ingresa a la Universidad Nacional Mayor de San Marcos donde estudia simultáneamente Letras y Derecho.

1964

Se gradúa como abogado con una tesis sobre Compensación en el Código Civil Peruano y en Letras con una tesis sobre Hemingway.

Funda Abogados Asociados junto con sus amigos Manuel Chacaltana y Alberto Massa, en un local del jirón Azángaro. En octubre, gracias a una beca de la Marcona Mining Company, se marcha a París a bordo del barco *Allen D.Christiansen* en un viaje que dura diecinueve días. Ya en Francia, se inscribe en La Sorbona, en la que estudia durante dos cursos universitarios.

1965

Vive en Perugia, Italia.

1966

Viaja a Alemania para aprender el idioma con una beca del Goethe Institut.

1967

El 27 de enero se casa en París con Maggie Revilla. Las revistas *Cuadernos del Ruedo Ibérico*, de Francia, y *Amaru*, de Perú, publican su primer cuento, «Con Jimmy, en Paracas».

1968

Se publica *Huerto cerrado*, su primer libro, gracias a una mención honrosa en el Premio Casa de las Américas, de La Habana. Entra a trabajar como lector en la Universidad de Nanterre. Conoce a Sylvie Lafaye de Micheaux.

1970

Publica su primera novela, *Un mundo para Julius*.

1972

Termina su matrimonio con Maggie Revilla.

1974

Publica *La felicidad ja ja*, su segundo libro de cuentos. Ingresa a trabajar como asistente de español en la Universidad de Vicennes.

1975

Recibe la beca de la Fundación Guggenheim, con la que viaja por el *Deep South* estadounidense.

1977

Publica su segunda novela, *Tantas veces Pedro*, y las crónicas parisinas y norteamericanas *A vuelo de buen cubero y otras crónicas*. Pasa ocho meses en el Perú y obtiene el doctorado Literatura por la Universidad Nacional Mayor de San Marcos, con una tesis sobre el teatro de Henri de Montherlant.

«*Tres largos lustros han pasado desde que abandoné París*, pero yo aún me veo —sí, me sucede a cada rato— caminando por primera vez por el Barrio Latino, sin saber muy bien por dónde ando, ni mucho menos por qué diablos me siento tan extraño y como ligera y ocultamente decepcionado». (*Permiso para sentir*, p. 105)

En La Habana, Cuba, en 1986. De izquierda a derecha: Armando Hart, entonces ministro de Cultura de Cuba; Roberto Fernández Retamar, director de Casa de las Américas; Alfredo Bryce, pronunciando el discurso inaugural; y Dulce María Loynaz.

1980

Es contratado por la Universidad Paul Valéry, de Montpellier, donde al año siguiente es ascendido a Catedrático de Literatura y Civilización Latinoamericanas. Se empiezan a traducir sus obras al francés. En Lima y en Madrid se reúnen sus dos primeros volúmenes de relatos bajo los títulos *Todos los cuentos* y *Cuentos completos (1964-1974)*, respectivamente.

1981

Publica *La vida exagerada de Martín Romaña*, primer volumen del díptico *Cuadernos de navegación en un sillón Voltaire*.

1985

Vive en Barcelona, en la avenida Infanta Carlota, 66. Publica la segunda parte del díptico, *El hombre que hablaba de Octavia de Cádiz*.

1986

Publica *Magdalena peruana y otros cuentos*.

1987

Publica el cuento para niños *Goig*, en colaboración con Ana María Dueñas y con ilustraciones de Sonia Bermúdez. Se le dedica la Semana de Autor en el Instituto de Cooperación Iberoamericana.

1988

Publica *La última mudanza de Felipe Carrillo*.

1989

Se casa con Pilar de Vega, de quien se divorcia en 1995.

1990

Edita *Dos señoras conversan*, con tres novelas breves.

1993

Publica *Permiso para vivir (Antimemorias I)*, donde reúne textos aparecidos en diferentes medios escritos de España e Hispanoamerica. El rey de España le otorga la Encomienda de Isabel La Católica. Sus obras empiezan a ser traducidas al inglés.

1995

Publica *No me esperen en abril*. Alfaguara edita *Cuentos completos*. Francia le concede la insignia de Caballero de la Orden de las Artes y las Letras.

1996

Edita *A trancas y barrancas*, recopilación de artículos.

1997

Publica *Reo de nocturnidad*. Es homenajeado en la Universidad de Montpellier, donde se reúnen especialistas que debaten sobre su obra. Es finalista del Gran Premio Proartes de Narrativa Iberoamericana y recibe el Premio Dag Hammarskjöld de la Paz.

1998

Recibe el Premio Nacional de Narrativa en España por *Reo de nocturnidad*.

1999

Publica *La amigdalitis de Tarzán* y los cuentos de *Guía triste de París*. Regresa a vivir a Perú, donde recibe el Doctorado Honoris Causa por la Universidad Nacional Mayor de San Marcos.

2000

Francia lo asciende a Comendador de la Orden de las Artes y las Letras. El Ministerio de Educación y Cultura de España le concede la Encomienda de Alfonso X El Sabio.

2002

Publica *Crónicas perdidas*. Recibe el Premio Planeta por la novela *El huerto de mi amada*. Regresa a vivir a Barcelona. Obtiene el Premio Grinzane Cavour en Italia por *La amigdalitis de Tarzán*.

2004

Se casa con Ana Chávez Montoya. Vive entre Lima y Barcelona.

2005

Publica *Permiso para sentir (Antimemorias II)* y el libro de ensayos *Entre la soledad y el amor*.

2007

Publica *Las obras infames de Pancho Marambio*.

2009

Publica el libro de cuentos *La esposa del Rey de las Curvas* y *Penúltimos escritos*.

ENTREVISTA
POR RAÚL TOLA

Eros, Tánatos, anecdotario y circunstancias *de Alfredo Bryce*

Alfredo Bryce debe ser el primer escritor cuyas obras completas leí. Desde *La felicidad ja, ja* y *Huerto cerrado* en el colegio, hasta *Tantas veces Pedro, Un mundo para Julius* o *El hombre que hablaba de Octavia de Cádiz* en los primeros años de Letras, sus libros han sido un eterno motivo de carcajadas y lágrimas, que devoré con admiración en micros, fríos pasillos universitarios, o sorteando combis y huecos al caminar por la calle. Por eso me resulta raro prologar la larga conversación que sostuvimos una tarde de invierno limeño con motivo de sus setenta años. Porque con el tiempo, y gracias a una sucesión de coincidencias, que incluyó una ajada tarjetita de presentación que cruzó el Atlántico de ida y de vuelta hasta llegar a sus manos, aquella proximidad que sentía como lector fiel, y que me obligó a no leer más de una página al día de *La vida exagerada de Martín Romaña* para estirar al máximo ese placer, se convirtió, casi sin querer y a pesar de la diferencia de edades, en una proximidad real, primero, y luego en una amistad que se renueva y estrecha a golpe de anécdotas y vodka tonics.

Esta es la tercera vez que entrevisto a Alfredo Bryce. A diferencia de las anteriores (la primera en un set de televisión, la segunda en el hotel Country de San Isidro, dominios de Julius), fue en la intimidad de su «palomar», como llama a su estudio con vistas al parque Melitón Porras, con algunas copas, y se pareció más a una plática franca y distendida que a una sesión formal de preguntas y respuestas. Con un poco de atrevimiento, y la franqueza brutal y el sentido del humor habituales en Alfredo, repasamos temas como su reciente y celebrado cumpleaños, su relación con la literatura y los libros, el descubrimiento de la amistad, el insomnio y la depresión, y otros, bastante más íntimos, y hasta donde sé, inéditos.

Quiero agradecer la invitación a formar parte de este homenaje. Para mí es un doble honor: por el escritor admirado y por el amigo querido.

⟶

¿Qué se siente cumplir setenta años?

Han pasado casi sin sentirlos, han significado un goce casi te diría juvenil, porque han coincidido con la decisión de venir al Perú ahora sí del todo, y además con mi matrimonio con una chica bastante más joven que yo y con la alegría de vivir con sus hijas: toda una empresa juvenil. Lo que otra gente hace a los veinte o treinta años, yo lo he hecho a los setenta, y eso ha hecho que mi llegada al Perú haya sido feliz, serena, todo lo contrario a la vez anterior, que fue hace exactamente diez años, y aguanté tres y me fui. Ahora estoy encantado y hago una vida mucho más emotiva, mucho más basada en los afectos privados. Me apoyé en unas palabras que le oí decir a Mario Vargas Llosa de casualidad, mejor dicho que se las leí. Se referían a los retornos al país y decían «Al final de todo, el país de uno son tres o cuatro paisajes y unos cuantos amigos». Entonces parece que yo he interiorizado esa frase sin querer, o sin querer queriendo digamos, y me ha traído a esta coyuntura feliz: el matrimonio y los amigos. Los amigos son los del colegio Santa María, los del grupo del San Pablo, aún más reducido porque era un colegio internado y nos graduamos dieciocho, y también el grupo de los amigos del barrio. Porque tengo tres fuentes de amigos, tres manantiales de distinta región digamos: de la vida, del alma y de la edad, que me han alegrado. Y tengo la suerte de que mi esposa se lleve maravillosamente con todos. Y bueno, mira, me he instalado y realmente ha sido suave, no ha habido traumas, no extraño nada Europa, siento que no se me ha perdido nada, que ya le saqué el jugo, y lo digo con gratitud. Extrañaba mucho. O sea que al cumplir setenta años he estado ligado absolutamente a este proceso, por lo que el episodio me ha pasado casi inadvertido. Y este es un proceso juvenil porque es un gran cambio, es una brusca decisión.

El joven Bryce está más joven que nunca.

Me siento más joven que nunca, esa es la verdad, realmente es la verdad.

Los amigos son muy importantes para ti. ¿Cuándo dirías que descubriste la amistad?

Yo creo que la descubrí desde muy niño, en el colegio Inmaculado Corazón y en el Santa María. En esos años de infancia yo tuve por lo menos un gran amigo, que fue Fico Camino. Él lo recuerda de la misma manera. Esas amistades entre las familias, en este caso su madre y mi madre. Y la amistad entre dos niños, de alguna manera forzada por las madres, funcionó en este caso.

Curioso, por lo general esos esfuerzos maternos generan enemistad.

Enemistad, desconfianza y, finalmente, un olvido rotundo. Otro caso es mi amigo hasta hoy y también compañero del otro colegio importante, del San Pablo, Alfredo Astengo Gastañeta, hijo de una prima hermana de mi madre y con el cual nos llamamos *primos* y somos, en realidad, íntimos amigos. También a esa edad indefinida, a los dos o tres años...

¿Y entre los escritores tienes buenos amigos? Con los egos, con los celos que existen en el mundo de la literatura, uno pensaría que tienes muchos colegas, pero muy pocos amigos.

Yo no he vivido eso jamás, porque, para empezar, yo me hice escritor en territorio desconocido, o sea en París, donde jamás iba a conocer a Sartre ni mucho menos, ni a ningún escritor de mi edad. Mi trabajo de escritor lo hice de una forma muy solitaria: me fui de París a la ciudad de Perugia, primero, de ahí a la isla de Mykonos, donde escribí mi primer libro, y siempre he tenido esa suerte y facultad de tener amigos que nada tienen que ver con la literatura. Mis amigos del colegio San Pablo aseguran que jamás han leído un libro mío, ni siquiera los que les he dedicado. No sé si exageran un poco, pero no son lectores. Mis amigos no necesariamente son escritores, pero sí tengo grandes amigos escritores y editores; es el caso de Chus Visor, de Enrique Vila-Matas.

Hace poco me invitaron a un congreso en Cajamarca. Tengo un recuerdo de una visita a Cajamarca hecha con un escritor de Cajamarca, de Celendín, que vivía en París, Alfredo Pita. Yo había tenido una nana de niño que había sido tan tierna que yo quería saber de dónde venía la bondad, y la bondad viene de Celendín. Visité Cajamarca y me quedé prendado de mi visita. Realmente he tenido relaciones privilegiadas con el mundo literario.

En los años ochenta había un lugar, una chingana donde se bailaba, casi un futuro salsódromo. Quedaba en Lince y se llamaba *Latin Brothers*. No sé cómo descubrí ese sitio, que gustaba mucho a amigos míos que trabajaban en Desco, porque Desco entonces quedaba muy cerca. A veces iban ahí a tomarse unas cervezas, a almorzar criollo. Y yo hice una vez una fiesta allí y no conservo la foto, pero existió, en la que había cincuenta escritores peruanos de todas las edades, generaciones de poetas y narradores. Parece que logré un milagro: nadie peleó con nadie. La gente después me dijo «Tú pareces San Martín de Porras, realmente haces comer juntos a perro, pericote y gato».

A los pocos días de llegar a París, en una calle del Barrio Latino.

Tú dices que compartes dos cualidades: por un lado, hacer amigos y, por otro, perderlos y recuperarlos.

Creo que cuando hay amistad, el orgullo se debe dejar de lado. Ahí es cuando uno debe bajar todas las defensas.

Y si tuvieras que hablar de ciudades, ¿con cuáles te quedarías?

Por supuesto con Lima. Lima de toda mi vida, de todas las etapas de mi vida, incluido un balneario que fue mi felicidad, La Punta, al cual vuelvo a cada rato; almuerzo ahí, lo paseo y lo extraño incluso. Otra ciudad del Perú donde he sido feliz es Tarma, a la cual vuelvo también constantemente después de una serie de viajes que hice con mi padre. Fuera del Perú, París, y luego Perugia, que es una ciudad mítica, de felicidad, a la cual vuelvo también. Y Madrid, que es una ciudad en la que tengo tal cantidad de amigos que le guardo un particular cariño. Cuando regresé a Europa, yo dije «Madrid no, muchos amigos, no voy a poder trabajar, no me van a dejar trabajar en paz». Entonces fui a Barcelona, donde la gente es más discreta, y casi me muero de la soledad, y ya estaba muy viejo para andar buscándome soledades. Por eso, esto de llegar al Perú ha sido tan feliz y tan agradable, lo estaba necesitando verdaderamente, a todos los niveles habidos y por haber. Desgraciadamente, en Barcelona, esa ciudad que tanto me había dado en los ochenta, es donde tuve la sensación de «Ya nos dimos todo tú y yo, y no queda nada más por decir». Fundamentalmente, entonces, París, Perugia, Lima y Tarma, cuatro ejes fundamentales en mi vida, y Madrid por los amigos.

Si tuvieses que construir la imagen de la felicidad perfecta, ¿en qué ciudad y con qué amigo lo harías?

Es un sueño, el de juntarlos a todos, un sueño maravilloso que no he tenido ni dormido. Lo más difícil sería conseguir que vayan a Perugia. Es una ciudad en la que estuve muy solo.

> **«Julio es un maestro, un consejero, un prestador de libros y un conversador exquisito.** Ha sido un maestro en el sentido casi universitario, además de la amistad profunda entre ambos».
>
> (Fernando R. Lafuente, «Una poética de la piedad», en *Alfredo Bryce Echenique ante la crítica*, p. 117)

Ahí comenzaste a escribir. Y considerando algunos textos que evocan esa época me quedé pensando que quizás lo mejor que te pasó como escritor fue que te robasen el primer manuscrito de cuentos que terminaste.

Me dio una sensación muy curiosa de lo que sería mi relación con la literatura, porque, para empezar, el robo no me afectó. Lo que debió afectarme es la circunstancia en la cual se dio.

Entonces, que te hubiesen robado a tu vuelta a París terminó siendo positivo para tu vocación literaria, para tu producción posterior...

Hay dos momentos positivos. El primero es cuando finalmente en Perugia sentí paz absoluta, después de un primer año desordenadísimo, porque, por un lado, yo era un brillante alumno de La Sorbona con clases a las ocho de la mañana y, por otro, vivía una bohemia extravagante e internacional... Además paraba con ingleses, no sé cómo fui a caer en un grupo anglosajón, y en locales míticos, como el Hemingway Bar, porque estos gringos ricos eran abogados de empresas, jóvenes con grandes cargos, me llevaban a todos esos lados y me alegraban mucho la vida, y en las malas, cuando lo perdí todo, me llevaron a vivir con ellos. Es decir, me dieron una ayuda extraliteraria sensacional. Termina ese año y decido irme a vivir a Italia, a Perugia. Me entero que allá hay una buena universidad donde dan clases de verano sobre literatura y lengua italiana, que yo ya había empezado a aprender. Y allá voy. Yo ya tenía entonces veinticinco años cumplidos, de los cuales por lo menos quince decía que quería ser escritor, pero nunca había escrito una línea. No había escrito ni el verso de la adolescencia, con lo cual a mí ya me había entrado una profunda duda de si yo realmente no era un farsante. Y entonces sentí esa felicidad enorme de la paz absoluta en Perugia, donde no tomé ni una copa, donde hice una vida regular, hasta iba a nadar a la piscina municipal todas las mañanas, vida ejemplar, el polo opuesto al desorden de París. Y, el segundo es cuando me siento y escribo el primer párrafo de un cuento llamado «Dos Indios». Lo termino y me gusta, no es una mierda, esto está a la altura de cosas que yo he leído, y entonces sentí una especie de amistad conmigo mismo. Fue una de esas temporadas archifelices de lecturas, de escritura, de vida literaria, de silencio, de orden, de paz. Y este tesoro lo pierdo, ¡jua!, un golpe de mala suerte. Me lo roban y el ladrón se aflige más que yo, porque se ha robado una mierda, puros papeles, y el pobre diablo se había llevado un maletón creyendo que ahí había de todo, porque estaba en un automóvil BMW deportivo nuevo, que era de un gringo con el que yo viajaba.

Pero te sirvió finalmente esa pérdida. Hay que ser terco para ser escritor...
Claro, me sirvió. Y, como te digo, lo tomé en este sentido: si algún día publico esto y me dicen que es una mierda, diré que lo que me robaron era mejor, que me jodieron.

Me contaste que tenías una vida bohemia y me has hablado del Hemingway Bar. Hay bares que se repiten y aparecen en muchos de tus libros. Ese es otro de tus temas, junto con la amistad.
El mejor bar del mundo para mí es el Hemingway Bar del Ritz, aunque hoy uno encuentra tanta pose, tanta gente que ha llegado ahí por el mito. Hubo otro bar maravilloso en París que era más bohemio, el Calavados, que yo frecuentaba mucho. Y otro cuyo nombre nunca puedo recordar, en Montparnasse, también frecuentado por artistas y escritores. Los bares son famosos por los pintores o fotógrafos que los visitaron, por los escritores... ⟶

→ ...Y por los toreros.

También, claro. El bar del Hotel Velázquez, en Madrid, es el bar del torero. En realidad, las grandes leyendas de los bares las han creado, en primer lugar, los escritores y, en segundo lugar, los toreros.

¿Tú alguna vez has toreado?

Toreé una vez en Venezuela, en el año ochenta y uno. Fue un año muy, muy divertido, muy lindo, particularmente feliz. De casualidad me encontré, veinticinco años después, con quien había sido mi primer amor, que, además, este viernes viene a comer con dos de sus hijos, su hermano y su cuñada. Pues esta chica maravillosa, que es una extraordinaria restauradora de huacos y de objetos antiguos, ella y yo nos volvimos a encontrar... Eso es lo malo de los primeros amores: es mejor no volverlos a ver. Bueno, entonces me fui sin ganas de irme y con unas ganas locas de volver. Y en Caracas veo a César David Rincón, un escritor que yo había conocido en un congreso en México. Era un escritor con un aspecto taurino como pocos escritores latinoamericanos que yo haya visto. No era un buen escritor; era poeta y gobernador de un estado venezolano muy rico, un estado petrolero.

Hasta tenía nombre de torero.

Cuando nos conocimos en México, nos habíamos desafiado. Yo le decía que era un gordo picador y de esas bromas pesadas había nacido el afecto. Entonces, cuando se enteró que yo estaba en Caracas, me invitó al estado que echaba todo el petróleo del mundo, petróleo que el gobernador derrochaba... Era loco, chiflado y bueno como el pan. También un bebedor absoluto que murió muy joven, con una cirrosis atroz. Y ahí me dijo «Tú me juraste que eras torero y que sabías torear. Te me vienes a la academia y toreas, y yo te pago lo que sea». «Yo tengo un pasaje a París ahorita, pero lo puedo abrir y cerrar. Yo toreo si tú me pagas uno de ida y vuelta Caracas-

Lima para ver a esta chica. Me he despedido de ella hace tres días y quiero darle la sorpresa de volver». Y entonces me dijo «Ven». Y el tipo no quería, definitivamente, el riesgo de hacerme torear, pero sí quería adornarlo todo al máximo para ver qué pasaba. Fue un asunto de copas, aunque tampoco tanto porque era de mañana, había un sol radiante. Lo cierto es que ahí...

Saltaste al ruedo...

Me dio un traje de luces el cabrón y me soltó un toro inmenso, inmenso, una cosa así de grande, un toro de lidia... y yo me metí al ruedo. Entré y solté cuatro o cinco lances, como de memoria, los solté como de memoria. Él había llevado un fotógrafo, que hizo cuatro o cinco fotos, hasta que me pegó un golpe el toro. No es que me embistiera, sino que al pasar me dio un golpe. Yo hice como los toreros y me dio. Y este cabrón se asustó y dijo «Basta, paremos, corte».

El ruedo no es para maricones, ¿eh?...

Yo ya estaba enloquecido. Las fotos se velaron. Algunas habían salido bien, pero muy veladas, y él hizo una cosa muy ridícula: sacó una foto de mi cabeza, de mi cara, pero no dentro de la plaza, y se la puso a Martorell, un torero catalán muy bueno, y me dijo «Tienes la estampa de Martorell, quedas bien en la foto de Martorell». Y como la foto era de espaldas, no se notaba bien, solo se veía mi oreja.

¿Es lo más cerca que has estado de la muerte?

Probablemente sí. Tuve la osadía de lanzarme porque no tenía miedo, la verdad. Yo perseguía al toro, daba de gritos. Además, era un riesgo que corría por amor y que me pagó bien. Aunque, ahora que me acuerdo, una vez tuve un accidente de tránsito muy famoso, volviendo con copas de Madrid a El Escorial... Yo manejaba, me había comprado un automóvil deportivo, desmesuradamente grande y veloz, diseñado por Pininfarina para Peugeot, del centenario me parece, del año setenta y tres. Lo había comprado de segunda mano y en ese carro me iba a España de veraneo. En ese auto, esa vez, iban una novia mía, Marisa Torrente Malvido, hija de un novelista entonces famosísimo, Gonzalo Torrente Ballester, ella, que era periodista y tenía un programa madrileño, y Pepe Esteban, que es un gran amigo mío, un bohemio típico, señorito madrileño, medio torero, medio editor, medio escritor, el único hombre que nunca ha dejado de ir al café todas las mañanas y todas las tardes, a dos peñas distintas. Pepe Esteban me invitaba a su casa de veraneo en El Escorial. Yo escribía por las tardes y él escribía por las mañanas. No bebíamos mucho en la noche; tomábamos un par de whiskies y nada más. Uno de esos días, a Pepe le dan un súper programa de televisión, pero cuando llega a Madrid le han puesto cabe y le han robado su programa. Entonces se va a beber y me llama a mí desde Madrid diciéndome lo mal que se sentía y Maite, su esposa, no estaba. Fui en mi carro, a una velocidad prudentísima, a pesar de que quería llegar rapidísimo. Pepe estaba fatal, hecho pedazos. Paramos en las Rozas a la vuelta de Madrid. El hombre quería beber más en casa de unos médicos que, felizmente, vivían fascinados con este par de locos. Para nivelarme con el dolor de Pepe me soplé seis coñacs al hilo y decidimos seguir el viaje a El Escorial. Ya era de noche y había una niebla intensa, tanto así que los médicos nos pidieron que nos quedáramos a dormir, que había espacio, pero Pepe quería estar solo, solo con Alfredo, que era su hermano. Además, yo siempre he manejado muy despacio, soy prudentísimo, y las copas, al contrario, me vuelven más prudente. Y ahí es cuando, yo no sé cómo, seguro por la neblina, en una curva que hay para salirse de El Escorial, me equivoco, salgo antes de tiempo y me voy de frente contra un árbol, pero siempre a una velocidad tan baja que el auto quedó entero. Tengo las fotos del auto nuevo, que era precioso, y del auto después del choque, que se quemó íntegro; quedó entero, pero en cenizas.

Como el Teatro Municipal, casi...

Voló el techo porque el auto era descapotable. Yo me corté al chocar contra el tablero del auto y ahí me pusieron los puntos en la pierna, y Pepe, que venía atrás, pues no tenía nada...

Ni se enteró...

Ni se enteró, pero como el auto se incendiaba y él no quería bajar si no le dábamos whisky, Marisa y yo lo agarramos del brazo y le pegamos un jalón por encima de la carrocería. Le rompimos el brazo en pedazos. Hubo que operarlo incluso, y hubo todo un anecdotario: a él, que había sido un gran atifranquista, lo operaron y lo tuvieron en una habitación en la casa donde había muerto Franco. Eso ya es leyenda.

Te pregunto por la muerte porque, junto con la amistad, el barrio, el afecto, en tu obra siempre hay una segunda temática que parece subyacer a la primera, y que es más bien oscura, vinculada con la añoranza, la tristeza, la depresión. ¿Tú te deprimes con mucha frecuencia, Alfredo?

Ya no. Es decir, tuve una depresión atroz. El médico tardó cinco años en sacarme de ese horror, porque sí fue horroroso; horroroso y en una dimensión desconocida, porque en ese entonces yo no sabía lo que era una depresión y me encontré de pronto con unas sensaciones de angustia, de terror, de pánico, de claustrofobia, de agorafobia, de todas las fobias del mundo porque, además de todo, era una depresión neurótica. Me encontré en una situación muy desasistida, digamos. Mi esposa no sabía de qué se trataba, no lo asumía, estaba en una etapa de radicalización política y finalmente me abandonó diciéndome que yo era un neurótico, un pequeño burgués, todo lo que le metieron las extremas izquierdas latinoamericanas, que deambulaban y no hacían ninguna revolución en ninguna parte. La suerte fue que, por amigos comunes, desde España llegó un gran médico, de quien después me enteré que era médico de Dalí. Este

→

hombre venía hasta París y yo decía «Pero, ¿de dónde es este hombre?, ¿cómo un médico puede venir a ver al paciente de un país a otro y darle la medicación y quererlo tanto y llevarlo al restaurante incluso?». Y, claro, Dalí era el que financiaba todo. Dalí se instalaba temporadas largas en París, y en sus estancias coincidió con lo mío. Tuve la gran suerte de conocer a ese médico, a ese hombre, que fue mi segundo padre; es mi padre en Europa y lo conocí meses después de la muerte de mi padre. Fue muy grande el dolor y fueron muy intensos los hechos que se produjeron paralelamente a la depresión: para empezar, mi separación y, luego, la publicación de *Un mundo para Julius*, que desencadenó lo peor de la depresión; el éxito de esa novela me hizo un enorme daño. Todo eso no lo hubiera superado de no haber conocido también a una chica tan maravillosa que desde el comienzo de mi curación hasta hoy es como mi hermana. Fuimos tan desgraciados, que hoy solo podemos ser felices, y nos amamos tanto. Ella en ese tiempo era menor de edad, yo le llevaba muchos años. Era mi alumna y pertenecía a una familia aristocrática francesa, cosa que yo ignoraba y ella jamás decía, por supuesto. Sobre esta chica yo he escrito incluso novelas, como *El hombre que hablaba de Octavia de Cádiz*, donde es la mujer que libera a Martín Romaña y lo hace vivir una segunda juventud y un gran amor nuevamente.

¿Tú dirías, entonces, que, de todos los libros que has escrito, Un mundo para Julius es el que menos quieres?

Sí, eso lo digo rotundamente. Nunca antes lo he dicho tan rotundamente como ahora. Y es porque coincidió con el momento del descubrimiento del dolor más atroz y en el que el médico aquel, Ramón Vidal Teixidor —a cuyo yerno voy a ver ahorita, como hermano mío, y cuya hija es como mi hermana también; ambos son de Barcelona, maravillosos—, me dijo «Tu problema es que no tienes vanidad, no tienes. Ese dolor te lo ha producido el éxito...».

«*Terminé* El hombre que hablaba de Octavia de Cádiz *en la Clínica Rech,* pabellón de los locos, viajé al Perú y regresé en plena forma aunque volvía a visitar la consulta privada del doctor Pierre de la Nuce de la Motte, que fue quien me entregó el certificado aquel que hablaba de un insomnio rebelde a toda terapia».

→ ¿Y cuál es el libro que más quieres?

Indudablemente, *La felicidad ja, ja*. Ya yo había renunciado a ser escritor. Yo había dicho, y estaba convencido de eso, que nunca escribiría una línea más. Pero esta niña menor de edad y con una fantasía increíble se me instaló en la casa… No había cumplido los dieciocho años y se coló en mi casa… Me había conocido con la panza hinchada por las pastillas y entonces yo le había contado todo. Me veía con las pastillas y las inyecciones, y sufría las consecuencias, porque a veces yo tomaba un trago y, mezclado con las pastillas, hacía que perdiera el conocimiento y rompiera toda mi casa y había cien mil efectos secundarios…

"*Era morena, era delgada, era mil curvas en coqueto y permanente allegro vivace*, se llamaba Sylvie Amélie Lafaye de Micheaux, y en el brillo ardiente de sus ojazos negros había como un letrerito luminoso y muy vivaz que prometía traerte la felicidad a casa, a tu corazón, a tu vida entera, y *forever*».

La psiquiatría ha mejorado mucho… Entonces ella era una persona que disfrutaba como ninguna otra, de la conversación, de la fantasía. Compartíamos miles de placeres pequeños y grandes, y cuando yo ya le había perfeccionado seis o siete historias, me dijo «Estás escribiendo todo el día». Y yo recuerdo haberle respondido «Si tú hubieras puesto una grabadora, no hubiera escrito nada…».

Y así construiste *La felicidad ja, ja*…

El nombre viene de una canción ridícula de moda en aquella época, pero que hablaba de la felicidad perdida para siempre.

Un título sarcástico, además.

Sarcástico. Y un libro donde hay cuentos aterradoramente tristes, de derrotas, de pérdidas, de gente que se va a la mierda. Entonces es el libro que me gustaría escribir de nuevo, porque creo que hago un buen par de cuentos y porque el instante que acompañó a su escritura fue bueno. Muy poco después vino *Tantas veces Pedro*, que fue una novela que escribí en la plenitud de la salud, trabajando de nuevo en la universidad, rodeado de amigos, con una disciplina ejemplar. Ese fue un libro que me abrió trocha para la saga de Martín Romaña y Octavia de Cadiz.

¿Por qué nunca tuviste un hijo?

En el fondo, por un temor compartido con todos mis hermanos, creo yo. Nosotros tuvimos un hermano mayor profundamente subnormal, que causó un sufrimiento en la vida de mis padres muy horroroso, en niveles muy distintos. Mi madre vivió para él; mi padre, yo creo, llegó incluso a no quererlo. Para mi padre fue un desgaste material, psíquico, sentimental. Aquello estropeó una relación ya difícil entre un hombre muy mayor y una mujer más joven. Y era una enfermedad muy visible, no solamente en lo público, porque el chico era sordomudo, era retrasado, metía un ruido de los diablos, se reía de las cosas más tristes, y entonces realmente destruyó la felicidad, cualquier posibilidad de felicidad hogareña, pese a todos los esfuerzos que hicieron mis padres por atraer la alegría: vivíamos en una casa maravillosa en Chosica, había vicuñas y cosas así para que él jugara con animales, pero siempre había esta cosa sombría y, claro, también los ataques de epilepsia. Finalmente lo enviaron a una institución carísima en Estados Unidos, que no sirvió para nada. Los recuerdos más tristes de aquella época se asocian con su partida a Estados Unidos, a ese colegio especializado. Yo era un niño, tenía cuatro años, pero puedo recordarlo como si me hubieran pasado una película. Y como yo era el menor de los hombres y todas mis hermanas se casaron antes que yo y todas tuvieron hijos absolutamente normales, me entró el miedo de que a mí me tocara la cola de cerdo. Tenía verdadero pavor. Y la chiripa hizo que mi primer matrimonio fuera con una mujer que no quería tener hijos por la revolución, porque era una mujer que iba a irse a la guerrilla, no podía tener a un bebé en brazos, aun cuando lo único que quería en la vida era tener hijos. Después me casé con una chica que nunca había querido tener hijos, así que el acuerdo fue profundo. No me costó nada ni a ella tampoco, ni nadie nos reclamó, cada uno cumplió con el pacto de honor y jamás extrañé un niño. Además siempre fui un torpe con los niños. Y es más, cuando ya sales con señoras separadas, que tienen un bebé, todo acaba porque el hijo lo jode.

¿Alguna vez has sentido que el alcohol haya sido un problema para ti?

Yo no era alcohólico. Si yo estaba solo jamás me servía una copa. Jamás me he servido una copa estando solo, es raro que lo haga o que lo hiciera. Consta que yo me paso sin beber semanas, incluso meses, o que solo bebo a veces, cuando salgo. Soy un bebedor social. Y el alcohol ha estado ligado a una serie de miedos que yo tenía, a temblar por ejemplo, era muy tembleque por inseguridad psíquica. Tenía miedos, fobias, que incluso he estudiado y se llaman *trastornos del pánico*, que a unos producen temblores de manos, a otros sudoraciones, y que son sociales, no te pasan en la intimidad. Y entonces el alcohol era un bastón social. Pero jamás fue un problema, ni en la única ciudad en la que realmente no he sido feliz, Montpellier, donde estuve internado en un hospital psiquiátrico por un problema de insomnio atroz, que se curó con irme de la ciudad, porque había un rechazo absoluto. Me lo dijo el médico: «Usted no puede ver un francés más». Ahora ya he vuelto a Montpellier y he sido

«*Fui tan dócil, y perdí tantos años estudiando Derecho y haciendo cosas que mi padre quería que hiciera,* pero con los años cada vez quiero más a mi padre; lo recuerdo y veo que nunca me hizo daño por hacerme daño, sino por hacerme bien, y cada vez que tomo un vaso es como si le hubiera robado la llave del bar. Es la venganza y la travesura póstuma, ¿no? Es la única manera que he encontrado de ser rebelde contra mi padre, porque lo quise demasiado, aunque él era un hombre tímido, que hablaba poco».

(Julio Ortega, *La narrativa de Alfredo Bryce Echenique*, p. 67)

feliz allí, he dictado conferencias, con el médico en primera fila además. En Montpellier puedo decir que tuve amigos entre mis colegas, pero ellos tenían familia y no vivían en la ciudad, se iban a sus suburbios, tenían la casita con el jardincito, todo muy pequeño burgués. Y, mientras, en la ciudad apagaban las luces a las ocho de la noche y te quedabas ahí, hecho un vago insomne, veías todas las persianas cerradas y podías caer en una soledad que no sufría ni un marroquí, porque por lo menos había inmigrantes marroquíes, pero no había ni un solo peruano. Y entonces conocí al más grande borracho de Montpellier, que era el profesor de la autoescuela, nada menos, que desde las ocho de la mañana, entre lección y lección, se arreaba sus copazos en el bar de al lado de mi casa, y con ese borracho surgió una amistad inolvidable, llena de anécdotas, de hazañas. Jean Lastra es un amigo queridísimo hasta hoy. Yo lo llamaba *El Monstruo*, porque chupaba como yo nunca he visto. Era conversador, gritaba mucho, contaba chistes, comía mucho, era un personaje rabelaisiano. Pero su alcoholismo profundo nunca me tocó. Sin embargo, al volver a Barcelona desde Lima en el año 2002, una serie de circunstancias, una incomodidad física...

Ese fue tu anterior regreso, ¿no?

Claro, el regreso fallido. Ahí sí tuve un proceso alcohólico al que llegué de manera absolutamente inconsciente. Estuvo ligado con una estafa que me hizo un amigo, pero sobre todo con que me había ido pésimo en el Perú, al punto que se hizo necesaria esta ventilada en Barcelona. La propia Anita, debo decir en honor a la verdad, me dijo «Lárgate, yo vendo la casa, tú no te ocupas de nada, pero te tienes que ir».

O sea que Lima fue tu Montpellier en ese momento.

Exactamente. Fue lo mismo pero más vertiginoso. Fue un proceso más vertiginoso, más corto, más doloroso.

→ Quizás porque, como me has dicho, a diferencia de Montpellier, Lima es una de las ciudades que más quieres...

Claro. Y en ese momento no hubo un amigo que sanara esto, este mal de la ciudad, mal del fujimorismo, que yo creo que a mí me hizo mucho daño.

Ese mal del Perú podrido...

Del Perú podrido. Yo recuerdo que la casa era muy linda y tenía un televisor gigantesco que yo no me atrevía a mirar, por temor a las imágenes que salían. Además, yo sentía que mis amigos, la gente que yo más quería, todos se habían habituado a convivir con esto, sin complicidad ninguna, pero convivencia al fin...

¿Y qué pasó en Barcelona?

En Barcelona todo falló, porque al mejor de mis amigos, al eterno gran amigo, al que siempre me había echado una mano en las mudanzas, al que cargaba los roperos y colgaba los cuadros, se le rompió el corazón. Le tuvieron que hacer un trasplante y se instaló en mi casa, y era como un bebé recién nacido. Un horror. Esa es la casa con la que, además, me estafaron, me estafó un amigo, que la compró en su desesperación por recibir a la chica con la que se iba a casar, con la que tenía un romance oculto y que venía de Chile. Él se compró esa casa a mi nombre y escogió el barrio más feo y la casa más horrorosa, y, por más que gasté, me estafaron. Fue el infierno. Y empecé a beber. Me vino una depresión aguda. Yo que me creía blindado contra las depresiones, sufrí una depresión parecida a aquella del sesenta y ocho al setenta y cinco, un proceso de siete años. Lo que quiero decir es que ahí sí entré en una espiral alcohólica, sin darme cuenta, yo no era consciente. Llegué al punto de caerme de una silla en un bar de porquería, aunque siempre tuve una suerte increíble, porque encontraba un alma caritativa que me paraba y me ayudaba o me reconocía. Nunca me atreví a llamar a algún escritor, a algún amigo, no le había avisado a la gente que había vuelto a Barcelona. Y, bueno, tuve que ser internado por un breve periodo para cortar el contacto con el alcohol y con la locura.

Pero felizmente ese infierno pasó. Volviste nuevamente y te reencontraste con Lima como querías, y ahora estamos reunidos, conversando para celebrar tus setenta años. Así que salud, Alfredo. ¡Salud! ❖

Lima, octubre 2009

Epistolario íntimo

1 CARTAS DE AMIGOS

2 CARTAS DE LECTORES

3 CARTAS DE ESCRITORES PERUANOS

4 CARTAS DE ESCRITORES EXTRANJEROS

① Conrado Belgado: el habano

Ciudad de la Habana, 24 de Septiembre de 1997.

Estimado Hermano.

Aprovecho la gentileza del amigo y cro. de trabajo Juan Mesa, para hacerte unas breves
líneas con la fé que llegue a Tus manos y
sepas de nosotros.

He tratado de seguir Tus huellas, sin resultado
alguno y estoy muy preocupado porque de Costa Rica
me dicen que leyeron unos artículos tuyos, que estabas
en el Perú, enfermo, otros que estabas por París,
otros que ibas a dar unos cursos de verano en
España, pero de concreto, nada.

Me dice Miguel Díaz Reynoso el agregado Cultural
de la Embajada de México en Cuba, que la
última vez que te vió fué en Guadalajara, que
él te envió un card a Madrid y no sabe si
lo recibistes, yo a el lo veo casi todos los días
y siempre surge la misma interrogante, ¿dónde
Rayos está metido Alfredo y qué está haciendo?

②

Tal vez para un extraño esto sea normal, pero cuando se tiene un hermano y se quiere de verdad es preocupante.

Bueno en estos momentos estoy pasando por una etapa bastante difícil emocionalmente pues mi hijo mayor (el del primer matrimonio) se me va, para los Estados Unidos con mi única nieta y su esposa, no por problemas políticos, sino por ser joven y busca otro campo.

Esto me ha destruido, porque quiere decir, no verlo más nunca, pues los americanos no me darán visa para ir a verlo así como así. Ya te dias de una giral como me siento.

Por lo demás todo sigue igual, mucho trabajo, los otros hijos creciendo y uno envejeciendo.

A cada rato Michel y Giselle me preguntan por ti, al igual que María Elvia (la china) y no sé que decirles.

Sobre mi proyecto de ir a España te comento que José Monleón se ofreció para enviarme la carta de invitación, el pasaje casi lo tengo

③

logrado con cubana de aviación, pero al no saber nada de ustedes no puedo coordinar si lo veré o no, porque entonces a que voy si mi interés es verlos y estar con ustedes

Bueno hermano, mi dirección es la misma, mi teléfono lo tengo pagado al día y no me lo han quitado sigue siendo 91-0573 así que espero saber de tu.

Recibes muchos cariños de La Alina y los muchachos y como siempre mi fuerte y sincero abrazo de.

Tú siempre hermano

Conrado

Conrado Bulgado. Jefe de Protocolo de Casa de las Américas, Cuba.
Gran amigo de Alfredo Bryce desde que se conocieron en La Habana, en 1981.

José Durand

425 Spruce St.
Berkeley CA 94708
USA

BERKELEY: DEPARTMENT OF SPANISH AND PORTUGUESE

NO DEPRIMA, IMPRIMA

Berkeley, 24-abril-85

Querido Alfredo:

Llegó tu libro para Maggie. Antes, tus carta, que contesté enseguida. Ojalá te hallase ya en Infanta Carlota (lugar que recuerdo, cerca de la carretera de Sarriá y de la antigua distribuidora del Fondo, bonito lugar), y no de mudanza. Te dije que le hablé por teléfono a Paco, dándole tus señas, diciéndole se las diera a Doris Cosío y a Maggie (tu redacción no era clara), que aunque no estabas feliz, tampoco te veía mal (es cierto, no soy pesimista sobre ti), que convendría te gestionásemos un viaje a Lima para más adelante. También te informé de que le escribí en el acto a Doris de Cosío, dándole tus nuevas tal como me lo pediste y exigiéndole discreción, que sin duda tendrá.

Como me hablabas de Bajo el volcán y yo los leí en inglés, no me di cuenta de entrada que era la preciosa novela inglesa. Se lo daré a Maggie y actuaré como los amigos deben actuar con las mujeres que aman y amaron sus amigos. Pondré mi mayor tacto, apenas llegue, en la primera semana de junio, tras pascana en el DF.

Tito me dice por teléfono que recibió tu carta y dirección y que te escribe feliz. Lo mismo Efraín Kristal, que en septiembre ya estará enseñando en Maryland, junto al DC. Se doctora en un mes. Nos vemos mucho y estamos espléndidamente. Como ves, basta que le pase la voz a un amigo de que te acompañen por carta y se abalanzan. Hay muchos que te quieren, Alfredo, y en cuanto a mí, si te despachaste con Ocaso con cuchara grande fue porque te salió del forro. Ni te insinué pedido de comentario nunca y cuando se perdió el primer envío aéreo a Montpellier (¿apareció al fin?) no me precipité con otro. Y mi agradecimiento trato de demostrártelo. Más: ya ves que ni siquiera le mandé nada al Vizconde, a quien quiero mucho. No lo quiero huela a soba. No lo necesito, además. Tengo editor y en México y Lima puedo mover la publicidad que se me antoje. No se trata de eso. De acuerdo con las palabras de Tito, quien te las escribirá a mano.

Ahora resulta que Tomás Segovia, en libro que nunca me mandó, también tiene un lindo poemita de elogio a Ocaso, quizá el mejor de los que tan cariñosamente me hicieron.

Me voy de aquí hacia el 22 y las cartas tardan una semana. A la Universidad es más seguro, pero más lento. O escríbeme aquí o a casa de Tito, o a OIGA. Pero no incluyas mejor mi carta en otra de Paco, porque pasan por el microscopio de Clemen, a quien quiero mucho pero, no sé por qué, ha cambiado algo conmigo en los últimos años, desde que me divorcié. Sin duda me cargará con todo, así sea inconscientemente.

Carlos, mi hijo, mide ya 2.05 m. y es un artista del bajo eléctrico. Muy buen hijo y gran amigo.

Hazme el favor de informarme de tu libro, en detalle. Me interesa mucho y aunque ya no hay huelga de correos en Lima, será mayor seguridad.

Te estruja y apachurra tu ínfimo in Xpo. y capellán

Pepe

Corrige erratas,
Estoy atorado de trabaj.

UNIVERSITY OF CALIFORNIA— (Letterhead for interdepartmental use)

José Durand Flores. Según Alfredo Bryce, el mejor especialista en el Inca Garcilaso de la Vega, cuya biblioteca personal reconstruyó íntegra. Fue profesor durante muchos años en Estados Unidos, sobre todo en la Universidad de Berkeley. Murió en 1990, ya de regreso en el Perú.

ELSA ARANA FREIRE · ABOGADO · PERIODISTA · CORRESPONSAL EN EUROPA

Calle San Francisco 18
Sitges - España
Tel.894-0529

Sitges,5 de setiembre de 1979.

Mi querido Alfredo:

Im-po-si-ble no escribirte de inmediato. Acabo de terminar "Tantas veces,Pedro". Lo abrí en el momento en que se fué Daniele (que te debe haber entregado mi carta anterior) y,claro está,por culpa tuya,de Sophie,de Claudine,de Virginia y de tantas veces Pedro,no paré hasta no ver la palabra fin.

Es un libro ESTUPENDO. Te confieso ahora que alguna vez con Mauricio,dándole vueltas a tu trayectoria,nos habíamos dicho,respecto de "Julius": ¿Será Alfredo el autor de un solo excelente libro?. Nada. Tu "Tantas veces Pedro" me parece excelente,bien escrito,cínico,mordaz,terriblemente tierno y desesperado. Alfredo,no lo sabía así. De modo que ya te tengo clasificado "epinglée" entre las mejores mariposas de una colección que no poseo pero que allí está.

Le hablé de inmediato a Mauricio y le llevo tu libro (prestado) el viernes,en que me voy a Calaceite,por dos días (regreso el lunes). Nada me hubiera impedido ponerte estas líneas.

Pero claro,no todas son alabanzas. Me pasó algo curioso con "Pedro" semejante a lo que me pasó con "Julius": no sé si le sobraban o faltaban al final,alguna redondela. Estoy diciendo idioteces. No me refiero a "cerrar" el libro. Pero de pronto o me sobraron ganas de leerte más y más o me faltaron fuerzas en las últimas páginas.

Pedro Balbuena es el personaje más delicioso que pueda parecerse a mis héroes (será por su afición al frasco) y porque tiene una capacidad de irrealizable ter. (nura)

Bueno,solo esto,ya hablaremos en París de viva voz. Trata de que los chifas no se cierren antes de que cerremos el pico de tanto hablar. Dime si viste a Dani y mándame,perentoriamente,tu nuevo libro. Pedro se parece a tí,tantas veces...

Un abrazo,

Elsa Arana Freire. Trabajó en el diario *La Prensa* de Pedro Beltrán y abandonó el Perú en los años de Velasco Alvarado. Vivió primero en Barcelona y luego en Calaceite, un pueblo cerca de Teruel, donde murió en 2008.

1
CARTAS
DE
AMIGOS

Nicomedes Santa Cruz.
Compositor, decimista y
promotor de la cultura
afroperuana. Nació en 1925
y murió en Madrid, en 1992.

Para Alfredo:
Limeño mazamonero
blanco con alma de zambo,
cunde en farco y en Malambó,
espíritu aventurero,
Pintarte de cuerpo entero
hace q' tu ancestro explique:
De ingleses sin un penique
y vascos sin una pela
nació para la novela
Alfredo Bryce Echenique
Nicomedes 25.XI.87

The University of Connecticut

Luis Eyzaguirre.

STORRS, CONNECTICUT 06268

THE COLLEGE OF
LIBERAL ARTS AND SCIENCES
Department of Romance
and Classical Languages

Oct- 5- 79

Mi querido Alfredo:

Gran alegría tuve al tener noticias tuyas. Recibí tantas veces [edro] y Avedo - lo que te agradezco mucho, Tus cariñosas palabras me hacen gran bien, especialmente cuando considero lo raro y escaso que se está haciendo tener buenos amigos, sobre todo por estos fríos lados. Me alegra también saber que estás trabajando una nueva novela. Por lo que pueda valer mi opinión, creo que si tu obra sigue creciendo en la dirección de tus cuentos ya publicados, de julius y [edro], no sólo los universitarios franceses tendrían que estudiar tu obra como lo que es: un aporte valioso, original y duradero a la novela hispánica. De ahí que crea de toda justicia que tu julius haya sido puesto en los programas universitarios franceses. Así es que goza, y que bien lo pereces, de tu deambular por tierras de Francia que te ha ganado julius.

Me demoré todo este tiempo en contestarte porque estaba gestionando tu propuesta en la Univ. de Connecticut. Con tu curriculum presenté tu nombre como candidato a "Short-term Guest Professor" Todo va de camino y con buena promesa. Todo indica que te invitarán para esas fechas que habíamos barajado (mediados de septiembre - o por ahí - hasta mediados noviembre, más o menos). Todo esto en 1980. Las fechas pueden cambiarse de acuerdo con lo que a ti te convenga. No te preocupes por si estarás o no disponible para entonces. Eso ya lo veremos. Por el momento, lo que puedo decirte es lo que te ofrecerían aquí:

1.- Pasaje ida-vuelta Paris- N.Y. - Hartford (donde yo vivo).

2.- Visita de máximo 2 meses. Cualquier cantidad de semanas menor del máximo es permisible;

3.- Sueldo a razón de $2.000 dólares mensuales, máximo, hasta un máximo de $4.000, que es lo que creo que te conseguiré

4.- Una subvención de $100 mensual para ayudar a pagar el alquiler de un departamento bastante cómodo, allí mismo en la universidad (Raúl estuvo ahí por dos meses y le pareció bien);

5. El trabajo que tendrías que hacer depende de lo que tú y yo acordemos más adelante;

6.- Yo podría conseguirte, tal vez, algunas cosillas que hacer, como conferencias. Aquí estamos al lado de Yale, Harvard, N.Y., y varias otras universidades

Ojalá se arregle lo de Vincennes, o, de otra manera, salga algo de lo de la UNESCO. Si para sept. 1980 sí, que en Vincennes, te espero aquí en Conn. 1980 puede parecer a mundos de distancia. Pero cuando llegue, y estés aquí en Conn., haremos de manera de pasarlo bien. Trae raqueta de tenis (eso me quita buena parte del tiempo que debiera dedicar a otras cosas) buen apetito, y un algo de sed. Yo estoy a cargo de organizar los festejos, sencillos pero en buena amistad. Cuando la invitación te llegue tú decides. No te preocupes del resto.

Entregué todos los papeles la semana pasada y el decano y la secretaria me dieron grandes esperanzas de una respuesta favorable para enero de 1980. Así habrá tiempo para trámites de viaje.

Posiblemente estaré en S.A. y México por 2 o 3 meses a principios de año, enero-abril. Y tal vez Cuba en abril o mayo. Naturalmente te enteraré de mis planes. E incluso tal vez puedas ayudarme con alguna gente, profesores, críticos y narradores, en Perú. De seguro tú conoces el ambiente allí de manera que me abra ahora algunas puertas.

The University of Connecticut

STORRS, CONNECTICUT 06268

THE COLLEGE OF
LIBERAL ARTS AND SCIENCES
Department of Romance
and Classical Languages

Ya te daré más detalles, apenas reciba tus noticias. Ahora te contestaré inmediatamente. Porque, sí, quiero que no perdamos contacto. Así haz lo posible por venir. Aquí me tienes, mi casa, mis amigos, mi tiempo.

Muy querido Alfredo, contesta y dime qué te parece todo esto y cómo se ven las posibilidades. Recibe un abrazo cariñoso y fraternal,

Luis

Luis B. Eyzaguirre. Crítico chileno y amigo entrañable de Bryce Echenique. Se graduó en Yale y trabajó siempre en universidades de Estados Unidos. Escribió ensayos sobre *Tantas veces Pedro*, entre muchos otros. Murió en 1999, en Hartford, Connecticut.

Con Luis B. Eyzaguirre. Su amistad fue tan grande que cuando Alfredo regresó a vivir a Perú en 1999, en la casa de Casuarinas construyó una habitación especial para él. Lamentablemente, Luis falleció antes de que terminara de construirse aquella casa.

Haciendo dúo con Joaquín Sabina, que siempre soñó con incorporar en esas performances al poeta asturiano Ángel González y con que el trío cantase en España, en teatros de no más de mil personas de aforo. Practicaron mucho, siempre a altas horas de la noche, pero el debut profesional quedó trunco por la muerte del maravilloso Ángel. La foto es de Jimena Coronado.

Un brindis para Julius

Puntos y comas,
verbena del idioma,
buzón del aire,
bala de goma,
renglones con aroma
a sillón Voltaire.

Luna de día,
lágrimas de alegría
sin telarañas,
chabulerías,
Inés del alma mía,
Martín Romaña.

Pluma traviesa,
amígdalas inglesas,
lengua con peros,
vino de mesa,
tu Tarzán es mi César
sin aguacero.

Habana loca,
Cádiz en carnavales,
Barrio latino,
Lima que enroca
los puntos cardinales
de mi destino.

Lope, Quevedo
y el manco de Lepanto
no se me piquen,
curen de espanto
con el canto de A!fredo
Bryce Echenique.

Joaquín Sabina. Lima, enero de 2001

*Para Alfredo
con devoción
Joaquín*

41, NIAGARA FALLS BLVD.
BUFFALO, N.Y., 14214 (U.S.A.)

Febrero 1977
Buffalo // N.Y.

Querido Sr. Bryce Echenique =

No recuerdo haberle conocido en París, aunque sí oí hablar de Ud. Primeramente por boca de Rodolfo Hinostroza; la verdad, mi idea de lo que dijo. No sé con qué pendejada estará envuelto (R.H.) seguramente está estudiando las diferentes maneras de cagar en Nueva Guinea, embocando así en la cumbre de la filosofía 'Moderna.' (Corín Tellado, Here I come!)

Bueno, no me preocupo por Hinostroza porque de pendejo no tiene mucho, que digamos. (Nada.) ?

Segundamente, por mano de Alastair Reid, escritor de gran elegancia, traductor idem. El ha traducido y conocido íntimamente a Borges y Neruda. Fue también mi platónico Tío Humberto cuando yo era Lolita enjaulada en mi niñez en Mallorca. Bueno, la cuestión es que yo respeto sus consejos literarios— tiene buen gusto. Y él me aconseja que haga unas traducciones de historietas cortas, ya que hay un 'boom' en Nueva York con respeto a los nuevos autores Latino-Americanos. Se pagan bien las dichas historietas y ya que estoy requete—

necesitada, y ya que escribo muy bien en inglés,
pues, ¡por pedir que no quede!

Alastair mencionó su nombre, diciendo que se
habla mucho de Vd. Yo me acerqué languidamente
a la biblioteca y saqué "La felicidad, Ja, Ja."
¡Qué delicia de libro! Por poco me muero de risa.
Bueno, casí.

Me encantaría traducir unas cuantas de esas
historietas, si es que Vd. no tiene previos compromisos
con alguno de esos intelectuales neoyorquinos que tratan
de comerle el culo a cualquier escritor latino—
consiguiendo así derechos de traducción, forrandose de
plata con traducciones pendejísimas. Le agradecería
muchísimo su permiso. ¿Y si no es posible darme
permiso, tendría Vd. alguna sugerencia? ¿Quién más
escribe historietas graciosas esos días? No estoy muy
al tanto, metida aquí en este Infierno, el Sobaco del
Mundo. (Soy una Joycette: estoy trabajando en una
colección de cartas de James Joyce a Sylvia Beach.)
Pero no crea que la gente aquí no sabe reír.
¿Oyó Vd. hablar del Polaco que se pasó la noche
entera estudiando para su examen de orina?

3

Yo en cambio tengo un pasado medio exótico. Soy la ahijada del poeta Robert Graves; nací en Deyá, Mallorca, el centro magnético del mundo — mágico Locus Dei. Hace unos años viví en Deyá en el Palacio Miramar, residencia del archiduque Ludwig Salvator de Austria; viví allí con un hombre Sublime, y cuán sublime. Poeta y pornógrafo. Ese sí que tenía cojones. Es decir, era un hombre elegantísimo, pero Hombre; de maricón nada, porque chico, con la cantidad, digo, la plaga de mañuitas en Hollywood por poco me pegó un tiro allá. Bueno, ahora viene lo trágico. Vivía con literalmente mi otra mitad, cuando un día nos planchó un autobús. Se murió mi amante, y yo bien planchadita también pero me quedé culeando. Pues hasta hace poco no me hacía ni fu ni fa la idea de vivir; yo era una vasija vacía (y que lo diga Hinostroza — menos mal que le gusta que le escuchen).

Pero AHORA busco encore LA FELICIDAD, JA, JA. Regreso a Deyá en Mayo. (J'espère.) Tuve la bonne chance de conocer a

4

Severo Sarduy una tarde en París en el atelier del
pintor Ramón Alejandro; yo iba acompañada por
Hinostroza, y los dos cubanos estaban discutiendo
muy escatológicamente — que quién tenía 'el
zizi' más grande, y cómo y donde. Me
moría de risa.

Pero al Sr. Sarduy es muy difícil traducirle al inglés.
Además mejor que se le arrime un joven bello, y
no una mujer, que por bella que sea (y estoy
cojonuda) tiene el defecto de esa dentadura
entre las piernas. Jaws!

Suponiendo que tiene Ud. no tanto el
tiempo sino la inclinación de contestarme =

Si vous avez la bonté de me répondre,
je vous serais infiniment reconnaissante.

Je vous prie d'agréer, cher monsieur,
l'assurance de mes sentiments les plus
distingués.

Hasta otra,

Diana Gay

Somos ángeles de un eterno misterio, y no animal elevado, destinado a una vida de perpetuo trabajo afanoso — aunque así vivimos. Y así creo yo. Y acabo de ver una entrevista con J. L. Borges hace dos minutos y él en sí, reitera ese pensamiento. Qué hombre tan maravilloso!

Le agradezco mucho su atención y consideración. Y sí, hasta Mallorca o Menorca, o París. No sé nada del futuro.

Je vous prie d'agréer, cher monsieur, mes salutations distinguées,

Hasta otra,

Diana Gay

D. Alfredo Bryce Echenique
Madrid.

Orense, 12 de Enero de 1998

Querido Sr. Echenique, adorable amigo, encantadora persona:

Asombro, sorpresa, incredulidad, "pasmo gigantesco", intensa alegría y enorme gratitud (póngalos en cualquier orden, da igual), me produjo su atenta y cariñosa carta de respuesta, bueno, porque la tengo delante y porque tuve que recurrir a mi amiga que es profesora de bachillerato para que me descifrara algunas frases, por su profesión está más hecha a las distintas caligrafías, pero, por favor, no se tome este comentario como un reproche, yo quería que fuese una broma, y también un poco la explicación del porqué yo las escribo a máquina, mi letra sólo la descifran los farmacéuticos y eso porque están metidos "en el ajo", es decir sólo la nomenclatura.

Supongo que se estará preguntando que quien es esta señora de Orense, le escribí a finales de Agosto, su contestación llegó en los primeros días de Septiembre y han pasado más de cinco meses. ???. En fin , no sé cual es la conducta correcta en estos casos, yo me llamo a mí misma Doña Dudas, como me decía que sólo estaba de paso por Madrid, pensé que disponía de tiempo para clarificarlo, veamos, por un lado no quiero ser pesada, pero quería darle las gracias; ya está!, pensé, " en Navidad le mando una felicitación", en llegando esas fechas, caí en la cuenta de que a lo mejor no le resultaban unas días especialmente felices, que es lo que me pasa a mí, desde que murió mi padre, hace seis años y cuanto más mayor me hago, mantengo la tradición por la ilusión que le hacen a mis hijos, ilusión que reconozco es directamente proporcional a la cantidad y calidad de los regalos, bueno, en el caso del pequeño hay algo más, le gustan los adornos, el belén ,etc,etc, pero por influencia de la televisión, no me hago ilusiones .Es una paradoja esto mío, y es que soy creyente y practicante católica" casi dentro de la ortodoxia de nuestra iglesia". Bien, mi padre supo llenar la Navidad de magia desde que yo recuerdo, y desde que se fue, yo no supe conservarla.

A lo mejor ya va recordando quien soy ,la señora de Orense, excesivamente prolija.

Terminaré pronto, porqué hoy me he decidido a escribirle no lo sé, pero tenía que darle las gracias, gracias, gracias mil. Además últimamente me acuerdo mucho de un chiste que me contó mi siquiatra hace dos o tres años, es probable que lo conozca pero por si acaso ahí va: Para distinguir entre un enfermo sicótico y otro neurótico, el primero afirmará sin dudas que (2+2=5), mientras que para el segundo (2+2=4, "pero no lo aguanto").

Ahora me disculpará que le "adorne"un poco la carta.

Reciba todo mi afecto y un abrazo, si me lo permite:

Con mucho
cariño   Ana Risco Bóveda

2
CARTAS DE LECTORES

1983

Seudónimo: Celaje

Título: CARTA A MARTIN ROMAÑA A RAIZ DE
HABER NAVEGADO CON EL EN SU
SILLON VOLTAIRE Y DE HABERME
METIDO EN SU PELLEJO SIN QUE
BRYCE ECHENIQUE SE DIERA CUENTA

Querido Martín Romaña:

Acabo de terminar de navegar contigo a través de varios
años de tu Exageradísima Vida en tu cuaderno azul, y
siento una necesidad urgente de escribirte.

Tu no me conoces, pero yo a tí mucho. Te conocí cuando
eras un chiquito orejón, simpatiquísimo y supersensible
y te llamabas Julius. Después te perdí de vista, y me
preguntaba que habría sido de tí. Pensaba ojalá que ese
chiquito haya cambiado y si no ha cambiado ojala que sepa
disimularlo ahora que es grande para que nadie se dé cuenta
de sus no cambios, porque sino las estará pasando negras.
Y dicho y hecho, no has cambiado nada, no lo sabes disimular,
y tu cuaderno azul me ha demostrado que no has hecho otra cosa
que pasar pena y media durante todos estos años, y para remate
en francés.

Desde el momento en que me subí a tu sillon Voltaire, me sentí
identificadísima contigo. Yo siempre me identifico con el
personaje principal de las novelas que leo o las películas
que veo, pero solo si me caen bien, te advierto. Por eso
trato de no leer muchas novelas de terror, sobre todo de esas
en que la niña está sola en una casa y la llaman por teléfono
para decirle que ahorita la van a matar y en eso se acuerda
que se olvidó de cerrar la ventana de la cocina, pero cuando
se acuerda ya es muy tarde porque ya oyó un ruidito, y siempre
estoy a punto de ser asesinada pero generalmente llega alguien
y me salva.

Pero nunca me había sucedido querer escribirle a la persona
para decirle que la quiero y que tenga cuidado porque me
moriría de pena si le pasa algo.

Eso es lo que me está sucediendo ahora, y por eso te estoy
escribiendo.

Lo que pasa es que, como te decía, me trepé a tu sillón Voltaire
para navegar contigo y me acurruqué en una esquinita para que
Bryce Echenique no me viera y se diera cuenta que me estaba
metiendo tan a fondo en tus asuntos. Cuando de repente, algo
así como Alicia cuando se cayó plop por un hueco al aterrador
País de las Maravillas, volé por el aire y aterricé en tu
pellejo. Solo que a diferencia de Alicia, que se sentía
desconcertadísima y que se las pasó corriendo como loca para
escaparse de tanta situación estrafalaria y para encontrar el
sitio por donde regresar a la superficie, yo me sentí comodísima
y como en mi casa metida en tu pellejo y ahí me quedé tranquilita
compartiendo contigo angustiadísima todas las situaciones de tu
Vida Exagerada.

A veces tenía ganas de regañarte, pero me hubiera vuelto igualita
a Inés, Dios me libre, y la mayor parte de las veces lo que me
provocaba era agarrarte la mano para que no te sintieras tan
solo, pero no podía hacer ninguna de las dos cosas porque
Bryce Echenique me hubiera pescado invadiendo tu privacidad
y se hubiera puesto furioso y hubiera dicho quien es esta intrusa.

Tú estarás diciendo quien será esta loca, aquí el único que tiene
derecho a ser loco soy yo. Además estarás diciendo su carta
parece plagio, aunque los plagios no parecen, lo son o no lo son.
Lo que pasa es que se me han contagiado tus exageraciones. Debe
ser por lo que mi pellejo se parece tanto al tuyo.

Acabo de terminar de navegar conti
años de tu Exageradísima Vida en t
siento una necesidad urgente de es

Tu no me conoces, pero yo a tí muc
eras un chiquito orejón, simpatiqu
y te llamabas Julius. Después te
preguntaba que habría sido de tí.
chiquito haya cambiado y si no ha
disimularlo ahora que es grande pa

sino las
 abiado n
amostrac
nte tod

Yo tambien he tenido una Vida Medio Exagerada, aunque no
tanto como la tuya, que tal salvada. Yo tambien una vez
agarré mi baúl y me fuí con la música a otra parte. Pero
ya volví volví volví a Lima otra vez, porque se supone que
todos vuelven a la tierra en que nacieron y a mí me encanta
la música criolla. Y ahora vivo en una casota llena de
perros finos y refrigeradoras, aunque ninguna escupe hielos
azules como la de Ines, Dios me libre otra vez.

subí a
Yo siem
novelas
en bien
elas de
una ca
van a
ventana
porque
ida per

Hablando de Inés, que tal antipatica, con tu perdón Martín.
Solo a tí se te ocurre enamorarte de semejante chinche y
encima pasarte 631 páginas hablando sobre ella. La verdad
es que todos tus problemas te los buscas tú solito.

Me acabo de dar cuenta que todavia no te he dicho como me
llamo. Lo correcto sería decirtelo y tambien explicarte más
o menos como soy, porque yo sé todo de tí y tu no sabes nada
de mi vida, como dice Olga Guillot. Pero no te voy a decir
mi nombre porque serías capaz de apuntarlo en uno de tus
futuros cuadernos si te parece bonito. Tampoco te voy a decir
como soy porque te enterarías de todas mis debilidades y no
me conviene, porque si bien tu con las tuyas inspiras ternura
por ser hombre, yo solo parecería normal por ser mujer.

Cuando recibí una educación tan privilegiada como la tuya
me dijeron que no hay cosa más fea que escribir un anónimo
o pintar lo que uno piensa o le provoca en las paredes de la
calle. Pero he decidido mandar mi educación de paseo, asi es
que tendrás que imaginarme tal cual eres, solo que con ojos
azules y lentes de contacto en vez de anteojitos de loco como
los que tú usas. En todo lo demás nos parecemos, por ejemplo
en eso de la hipersensibilidad, en lo de matarse de risa cuando
lo que provoca es morirse de pena, etc. etc. y etc.

Bueno Martín, me despido pero antes quiero pedirte que no te
muevas de tu sillon Voltaire. En primer lugar, para que sigas

ravés de varios
erno azul, y
te.

e conocí c————
y supersen
de vista,
ba ojalá q
do ojala q
nadie se
é pasando
o lo sabes
no has hech
os años, y

lon Voltair
identifico
eo o las pe
dvierto. P
r, sobre to
a llaman po
y en eso se
cocina, per
un ruidito,
ralmente lle

escribiendo como loco entretenidísimo en cuadernos de todos
los colores. Y en segundo lugar para que no te suceda una
sola Cosa Exagerada más; no lo soportaría porque te quiero
mucho.

Si algún día vienes a Lima y ves que en algún paredón alguien
ha escrito en letras grandotas ME MUERO POR MARTIN ROMAÑA,
puedes estar seguro que ese alguien habré sido yo.

Seudónimo: Rablus

Seudónimo: Rablus

2
CARTAS DE LECTORES

CARTA AL ESCRITOR

A medida que avanzaba con su novela me daba cuenta que me estaba enamorando del Escritor. No quería terminarla nunca porque sabía que al llegar a la última página me iba a sentir tristísimo y completamente vacío. No podía soportar la idea de llegar hasta la última palabra y tener que cerrar el libro. Porque en ese momento terminaría toda mi relación con el; se acabaría el monólogo que yo había seguido atentamente durante tres días, desconectado completamente del mundo, sintiendo que cada pensamiento y cada sentimiento que habrían antecedido a cada palabra que yo tenía ante mis ojos habían sido dirigidos a mí, solamente a mí, a pesar de que el Escritor no lo sabía cuando sintió, pensó y escribió. No podía saberlo, puesto que el Escritor ignoraba mi existencia.

Es absurdo, me decía a mí mismo, a medida que leía y leía. Absurdo, repetía, a veces en voz alta. Nadie se puede enamorar del autor de un libro solo porque le guste como escribe, o porque presiente cómo siente. Nadie. Solo yo. Y seguía leyendo, sintiéndome cada vez más involucrado con un mundo que me parecía mucho más real que el de las cuatro paredes donde yo había elegido encerrarme a piedra y lodo mientras durara mi sueño.

Y llegué al final de la novela. Me dejó con la sensación amarga que presentía. Fué como una despedida abrupta, de esas que uno planifica para que sean inolvidables pero que son interrumpidas por causas imprevistas, y que acaban en un adios tímido, triste, vago, incompleto pero terminante.

De pronto, como quien se ilumina, pensé: le voy a escribir al Escritor. Sin pensarlo más, dejé a un lado el libro, agarré papel y lapiz y comencé: Querido Escritor. De ahí en adelante no pude parar. No sé qué conexión puede haber habido entre mi cerebro y mi mano, pero escribía con una rapidez tal que hoy, cuando me acuerdo, pienso que la coordinación entre ambos era impresionante.

Frase tras frase iba llenando el papel, hasta que completé muchas páginas y llegué a la despedida, que era lo que me obsesionaba. Considero justo, le dije, que el lector tambien pueda expresarse y por último, como soy mujer, quiero tener la última palabra.

Yo sabía que me iba a comprender como yo lo había comprendido.

Ubiqué al Escritor a través de la casa editora. De esa gente entrometida que antes que yo había leído la novela y que talvez hasta habría tenido la osadía de alterar o eliminar alguna palabra o frase dirigida a mí, solamente a mí. Fueron, sin embargo generosos y compartieron al Escritor nuevamente conmigo, esta vez enviandome su dirección.

Con la sensación de haber cumplido una tarea y ya totalmente aliviada, llevé mi carta al correo. Recuerdo haber sentido vagamente que echaba mi destino al buzón junto con el sobre y confieso no haber sentido ni un poquito de miedo.

- Se ha escapado a París con un pintor, dijo después la gente.
- No hija, con el novelista ese, aclaró alguien.
- Con ese loco? Si nadie entiende ni lo que escribe: comentó una vieja.
- Y quien se lo presentó, se preguntaron.
- Vaya usted a saber. Según ella se conocieron en una novela...

2
CARTAS
DE
LECTORES

DEPARTAMENTO DE FISIOLOGIA Y BIOQUIMICA
FACULTAD DE MEDICINA
UNIVERSIDAD DE LA LAGUNA
TENERIFE (CANARIAS)

Alfredo Bryce Echenique
Université Paul Valéry
Montpellier 34032

La Laguna (Tenerife) 5 de mayo 85

Querido Alfredo Bryce Echenique :

El día que tomé prestada, de la biblioteca de un amigo, la novela "La vida exagerada de Martín Romaña", no imaginaba ni por un momento que a la altura de la página 200, las primeras doscientas las leí durante la noche, me entrarían unas enormes ganas de comprar todos los ejemplares que hubiese en las librerias y regalárselos a todo el mundo, y, que, de repente se agotaran en las tiendas y toda la gente sorprendida por la repentina demanda de una novela de años atrás que se agota inexplicablemente.

Afortunadamente para mi economía en Tenerife no quedaban muchos ejemplares, tampoco yo tengo muchos amigos, pero me gustaría que supieses que los tres ejemplares que se vendieron en la isla el 26 de Abril de 1985 los compré yo. Es una forma más de expresar todo lo que pensé, recordé, disfruté con su lectura.

Yo conocía tu nombre desde hace muchos años. Para ser exactos fue en 1970, cuando estudiaba segundo curso de Medicina en Salamanca, que no era París pero tenía la parte parisina de todas las ciudades de estudiantes universitarios e intelectuales de entonces, y tenía un novio joven, idealista, inseguro, con el que juré encontrarme en el año 2000, en el puente romano sobre el Tormes, a pesar de todo lo que pase, y al que después, cinco años más tarde dejé solo y llamándome por las noches.

Habíamos conocido en aquél tiempo a un peruano, de Piura, José Santolaya Silva, mayor que nosotros, con aire de haber vivido mucho y una simpatía que te arrastraba sin querer. Yo recien acababa de leer "Conversación en la Catedral" eran tiempos conflictivos, ahora siguen siéndolo, y de repente Perú se me apareció en directo y además el peruano contaba haber estudiado en el Leoncio Prado, por lo que la fascinación que ejerció sobre nosotros fue superior a todo lo vivido hasta ese momento. Ahora carece de importancia pero entonces sufrí una decepción enorme al saber que el peruano era o se hacía homosexual y yo que vivía en una residencia de monjas y no salía por las noches llevaba la peor parte en la aventura que el peruano impuso, saliendo a pasear, bebiendo o robando el vino de las iglesias o viviendo mil historias en las que yo quedaba desplazada.

Alfredo Br
Université
Montpellier

El d
exagerada d
la página 2
nas enormes
y regalársel
toda la gent
que se agota

Afortun
tampoco yo te
plares que se
forma más de e

Yo conoc
cuando estudiab
tenía la parte
telectuales de
juré encontrarme
todo lo que pasa
por l

muy diferente de como la siento ahora, y del mismo modo que lo había amado, odié
al peruano y a todo lo que representaba. Una noche, quizá la última vez que hablé
con él, habíamos salido a cenar los tres y hablábamos como casi siempre, de literatura, del futuro, de lo que haríamos, del viaje a París que teníamos previsto pa
ra el año siguiente, y yo hacía verdaderos esfuerzos por estar amable, por olvidar
mis sentimientos hacia lo que en mi interior calificaba de brutal atropello de mi
amor, pero en un determinado momento tuve que levantarme ante el desconcierto de
ellos dos, a vomitar como respuesta supongo al malestar que suponía su presencia.

Por algún lugar de mi casa debe estar todavía una servilleta de bar, doblada
en cuatro con un título y un autor : "Un mundo para Julius" de Alfredo Bryce Eche
nique que él me recomendó. Ni que decir tiene que nunca lo leí, como una prueba
más de mi repulsa, pero ahora, quince años después voy a leerlo, y también el cua
derno rojo de Octavia de Cádiz, que acaba de salir en España, y me gustaría que
supieses cómo me ha impresionado y conmovido La vida exagerada.

Pensando en mi pasado, en Martín Romaña y en ti yo también he tenido que ponerme anteojos negros. Muchísimos besos

Teresa

También creo que
miente, aunque eso s

TROBÍA CASTOR
5. Abril. 1998.

Creo que desde que en 1995 me recomen-
daron <u>Un mundo para Julius</u> no he dejado
nunca de tener un libro suyo, entre los
que aguardaban ser terminados junto a mi
cama.

También creo que los entiendo perfectamente, aunque eso se lo dirá todo el
mundo, y cada uno entenderá algo
diferente...

Si he decidido empezar esta carta
precisamente ahora es porque se va a
hacer realidad en mi vida algo que he
leído de sus personajes muchas veces: Acabo
de sembrar la semilla de un amor que
durará toda la vida y que no es amor,
pero hoy estoy plenamente convencida de

que con 40 años volveré a Asturias y, después de pasear entre las manzanas que plantaron mi abuelo y mi padre, haré una llamada de teléfono (sin haber deshecho aún la maleta) tomaré un "Alsa" y me acercaré a Oviedo. Volveré a "San Juan de los Prados" intentando encontrar las huellas de una navidad en que tuve 20 años y 'el 24. Y sabré que todo es una fantasía, pero la voy a mantener viva!

Supongo que esto no le importe mucho, así que voy a contarle algo más interesante; estoy haciendo un trabajo para la facultad sobre su obra y me encantaría que me respondiera a esta carta para incluirla como prólogo.

Muchas gracias por dedicarme este rato y por sus libros Ar~

RMTE: Araceli González Cabezas. Pza San Antonio de Padua nº 4 3·B 41002 SEVILLA.

Piura, 25 de Mayo del 2007

Señor.

Alfredo Bryce Echenique.

Distinguido   Escritor.

Reciba Ud. nuestro especial saludo;
Es para nosotros motivo de orgullo y alegría
saber que Ud. está en Piura; que está tan
cerca de nosotros; los que con humildad; pero
con el corazón enchido llevamos muy en alto
Su nombre y con el respeto que Ud. se merece
nuestro Sector que pertenece a una UPIS de Piura
lleva el nombre de tan insigne persona:
"Alfredo Bryce Echenique" al que inmortalizaremos
en el corazón de cada uno de sus habitantes.
Desde el más pequeño de nuestros hijos sabe que el
nombre que lleva su pueblo pertenece, a uno de
los más insignes literatos de nuestros tiempos y que
en cada aniversario desde hace diez años
llevamos votos al creador por Ud. Siempre hemos
querido que Ud. lo sepa, hemos indagado por todos
los medios posibles para hacerle llegar esta comunicación y pedirle perdón por este atrevimiento, así
como ponerle a sus calles el nombre de sus obras:
nuestra calle principal se llama "El Huerto de mi Amada"
Es muy pequeño señor Alfredo; pero es un sector que
en poco tiempo está luchando por su progreso.
es tranquilo, humilde (marginal tal vez) pero limpio
de toda lacra Social y su imagen no será nunca
mancillada; se lo aseguramos.

Le deseamos muchos éxitos más, de los que estamos pendientes; por que nos llenan de orgullo y nos invitan a seguir adelante. Quisiéramos decirle muchas cosas más que tenemos en nuestro corazón; pero rogamos que Ud. pueda tener un espacio en su agenda para leer esta carta, escrita a mano no por falta de tecnología, sino para que sienta el calor de quienes le queremos mucho.

Con mucho respeto reciba un fraternal abrazo de cada uno de los pobladores del Sector "Alfredo Bryce Echenique"

UNIVERSITY OF LONDON KING'S COLLEGE

STRAND, W.C.2.

01-836 5454.

Londres, 13 de diciembre

Querido Alfredo,

Recibí tu carta al mismo tiempo
que la lista de las novelas concursantes al Biblioteca Breve, y comprobé que la tuya figura. De
modo que no se ha extraviado, no temas. Demoraré
un poco en leerla, porque antes de mandarme los
originales, en Barcelona se hace una pre-selec -
ción (se elimina sólo la basura). Luego, todos
los jurados leen todas las novelas pre-seleccio-
nadas. Te escribiré apenas la lea. El Premio se
decide el 1 o 2 de marzo.

A mí también me apenó muchísimo
el suicidio de José María. Cuando estuve en Lima,
no lo vi, pero nos escribimos, y me di cuenta que
la cosa andaba muy mal. Vi el absurdo artículo de
"Le Monde" a que te refieres y también me irrité
(no sólo por la omisión de Arguedas, sino también
por la de Julio Ramón, de quien acababa de aparecer un libro en francés). Pero el "periodismo" es
eso, y mejor es reirse. Algún día te mostraré un
primoroso recorte del "Diario de la Tarde", de Caracas, cuyo título es: "Vargas Llosa y la trata de
blancas en París". Puedes escribirme a la misma

dirección de antes, 7, Philbeach Gardens,

London S.W. 5

Un abrazo para los dos (¿o ya son más?),

Mario

12 - 5 - 81

Mi querido Alfredo: Me inquieta un poco lo que me dices sobre el ejemplar de mi libro que no llegó nunca a tus manos. La misma suerte parece que ha tenido el que dediqué a Hermán Braun. Tengo la sospecha no de un olvido o descuido de Julio Ramón sino más bien de que los ejemplares se hayan perdido en la mudanza a Sèvres, pues fue por esa fecha que hice la remisión. Pronto parece que recibiré otros ejemplares (estos corregidos) y entonces te haré llegar el que te corresponde.

Me alegra saber que te sientes bien en Montpellier y agradezco tu invitación. Me gustaría volver por el Sur de Francia por donde pasé hace cerca de treinta años. Vi Avignon, Aix-en-Provence, Antibes, Vence y Niza. Fue en febrero pero el clima estuvo benigno y hasta hicimos un picnic en las afueras de Aix. Pero ahora estoy viejo y cada vez me cuesta más moverme.

Más bien te tocaría a ti visitarme
en Lisboa. Me imagino que tendrías
que hacerlo si quieres cobrar tus derechos de autor. El libro ya está circulan-
do en Lisboa y apenas lo vea en alguna
librería compraré el ejemplar para enviár-
telo. En el "Diario de Noticias" ha
salido en estos días un anuncio de la editorial en el cual aparece tu libro, pero
han tenido la absurda idea de reducir tu nombre a lo mínimo, lo
~~cual~~ que no me parece correcto; y además
no añaden ningún texto explicativo
ni orientador para el probable lector.
Te mando el recorte para que les escri-
bas al respecto.

Me satisface que piensas bien
de Nivaria y sus méritos. Ojalá tenga
suerte con el editar.

Recibe un afectuoso
abrazo de un

                                    Emilio A.

Emilio Adolfo Westphalen

Paris, 26 julio 77

Querido Alfredo:

Aprovecho una terrorífica lluvia de verano, que me tiene bloqueado en casa, para responder mis cartas, entre ellas la tuya, que me llegó esta mañana.

Antes que nada te agradezco la diligencia con que cumpliste nuestros encargos y me excuso una vez más por ello.

Como supones, Alida y Julito partieron ya de vacaciones rumbo a Capri, con escalas y estadas en Niza, Venecia y Roma. En consecuencia, cuando Alida llegue a Capri, le trasmitiré la parte de tu carta relativa a su encargo, del cual yo no sé nada.

Claude estuvo hace unos días en casa, muy contenta, pues acababa de recibir carta tuya. Julito y Alexander la pasaron muy bien en el campo. Luego Alexander vino unos días a casa. Todos los días salía con Julito a Montparnasse, sea para ir al cine, para ver librerías, como gente grande. Estaban de los más sobrados.

Yo he estado trabajando como una bestia en un guión de cine, por encargo de Pukará Cine S.A., que quiere adaptar un cuento mío a la pantalla. En estos últimos quince días he tenido que despacharme el guión. Ayer lo terminé, en verdadera carrera contra el reloj, pues tenía que ser presentado a los financiadores a fin de mes. Trabajo puramente alimentario, por el cual me pagarán algunos dólares, bienvenidos en esta época de crisis general.

Chariarse partió para Lima hace unos días. Me pidió tu dirección, pero no se la di. De todos modos supongo que lo verás o que logrará ubicarte. Tuve una larga conversación con él en la cual "sentí" que "sabía algo". ¿Qué? No te lo puedo explicar, pero sentí que me rozaba la sien el aletazo del gurú.

Me ha dado mucho gusto que visitaras a mi hermano Juan Antonio, con el cual estoy tan profundamente ligado, a pesar de la distancia. Cuando tengas algún tiempo libre llámalo o anda a verlo a su vieja y maravillosa quinta. Me complace que se hayan confabulado para que

nos veamos en Lima dentro de unos meses. Yo haré todo
lo de mi parte para poder viajar en octubre o noviembre.
    Me dices que ves a Fico y a Ricardo. Dales mis
más cariñosos saludos. Dile a Fico que en junio estuve en
Agua Amarga, recordando aquellas lejanas vacaciones que
pasamos juntos allí, y buscando inútilmente las huellas
de nuestro paso, no quedaba nada, ni la casa donde nos
alojamos, ni la vieja Isabel, ni los pobres pescadores.
El turismo arrasó con todo. Con Ricardo estoy en falta,
pues nunca le envié la carta de pésame que le escribí.
No tenía en ese momento la dirección y cuando las cartas
se dejan descansar nunca salen.
    Parece que la situación en Lima no es muy buena.
Ultimamente leímos noticias alarmantes: paro general,
muertos, represión, agitación. Yo recibí dos CARETAS
que me pusieron los pelos de punta. Trata de discernir
qué cosa es lo bueno que hay en Lima y en el Perú y qué
cosa es lo malo, si hay algo que es puramente circunstan-
cial y detestable y algo más profundo y digno de ser
vivido, soportado, querido. Yo ya no sé qué pensar.
    Bueno, te dejo entregado a tus ocupaciones limeñas. Te
encargo muchos saludos parab tu mamá, que debe estar feliz, escribe unas líneas cuando puedas o quieras. Yo,
soltero estival, voy a prepararme mi almuerzo y luego
ver que buena peli dan el Barrio Latino.

        Un gran abrazo de *Julio Ramón*

New York, junio 17,87

Querido Alfredo:

Grandes noticias: terminaron las "negociaciones" con Boston y acepté
la oferta final. De modo que ya es oficial, nos tendrás allí a partir
de agosto. La nueva dirección:

Romance and Comparative Literature
Brandeis University
Waltham, MA 02254-9110

Ahora empieza la odisea de la mudanza, que es de varias etapas ya
que tenemos las cosas y los libros entre Austin, Santa Barbara y
en Ohio, donde los padres de Claudia. Pero, por fin, tendremos algo
que llamar nuestra casa. Y la tuya, claro, porque confío invitarte
aprovechando tu viaje a Connecticut, que está al lado. Estoy feliz,
porque además dirigiré el programa latinoamericano, lo que me da
un margen de acción para planear convenios, intercambios, etc.
Con destreza digna del Inca Garcilaso logré irme de Santa Barbara
y decir que no a su oferta, sin ofenderlos. Carlos García Barrón,
mi gran amigo allí, catalán que fue agregado cultural americano en
Lima, y que tal vez recuerdas de Madrid, seguramente intentará ubicarte a su paso por esa. Quiere invitarte a su depto., muy agradable,
donde está Avalle Arce, loco magnífico.
No dejes de enviarme todo lo que aparezca sobre tus libros. Sigo
coleccionando eso, y armaré el proyecto de libro dialogado, ahora
con más calma. En mi seminario aquí tengo de invitado ahora mismo
a Ricardo Gutiérrez Moaut, que es el único chileno que tiene el problema de identidad de creerse peruano, buen crítico, profesor en
Emory, quien está escribiendo un largo ensayo sobre "Magdalena peruana". Me alegro, porque tu obra va finalmente adquiriendo su presencia
aquí. Hablé con Forster no hace mucho y quedamos en que tú harías
los cursos que yo iba a hacer este Fall. Uno es novela latinoamericana, y aunque los textos están ya elegidos, puedes dejar de usar cualquiera de ellos, si lo prefieres, ya que no es una lista obligada.
Lo mismo en el curso under-graduate de lit. peruana. (Por cierto,
tus libros están en ambos cursos; y como referencia, uno mío en el
primero, pero no es obligatorio sino recomendado). En cuanto vaya
a Austin, en menos de un mes, te envío listas y descripciones de

cursos, si no lo hizo ya Forster.

No me extraña que la noticia de tu viaje llegue a todas partes, ya que ha circulado con inusitada intensidad. Supongo que es porque la gente está ya harta de los mismos nombres, y el tuyo trae un viento fresco de renovaciones. Seguramente te invitarán a conferencias de todas partes. Me han preguntado ya varios colegas y coleguitas si es posible invitarte, cuánto es tu tarifa por charla, etc. Tú decide lo que te viene mejor, en cuanto a salidas. Lo que sí es importante es que tú puedes salir cuantas veces quieras. Para ello solo tienes que avisar a tus dos clases que tal y tal fecha estarás fuera. Con los graduados puedes recuperar la hora de clase perdida, con los under-graduate basta con asignarles una lectura, o, si hay alguien a mano, conseguir un reemplazo. Hay una profesora muy buena gente, peruanista, que se llama Margot Bayerdoff, un poco volada ella pero puede reemplazarte a veces; su fuerte es Arguedas y el mundo quechua. Lamentablemente(aunque suerte por él) se marcha el mejor de los nuevos, el mexicano José Rabasa, a quien tendí una mano para salir del pozo. La verdad, no queda nadie. Pero eso te dejará más tiempo libre. No sé si te mencioné los tres amigos escritores del campus: el gran poeta inglés Christopher Middleton (German dept.), el novelista sueco Lars Gustafson (German dept.) y el novelista pakistano Zulfikar Ghosse (English dept.). Son espléndidos, y estarán encantados de conocerte. De mis estudiantes de antes, quedan Fernando Unzueta (boliviano, hace la disertación conmigo pero ya no toma clases, pero por eso mismo te puede reemplazar en under-graduate cuando salgas), y un nuevo que va a Austin a trabajar conmigo justo cuando me marcho, Cristóbal Pera, alumno de Joaquín Marco. De los que tú conociste, solo queda en pie el famoso de la Llata(fuera ya de la Univ., prof. de lenguas en un colegio local), quien ojalá te saque a dar una vuelta en su poderoso auto. Pero, en fin, eso es lo de menos. En julio te daré más noticias de la editorial de la Univ. y de la biblioteca (Theresa May es la nueva 'editor' en U.T.Press, y Donald Gibbs sigue en la biblioteca como persona clave para los manuscritos). Te dejo, pues debo correr al seminario. La estamos pasando en grande en esta ciudad fabulosa y favorita. Recibe saludos de Claudia, y mi abrazo fraterno,

[firma]

Julio Ortega

8 de setiembre de 1986

Queridísimo,

Me encantan tus cartas, son como tú, un despelote. Vengo llegando de Brazil y encontré la última tuya. Si no estás en Cuba ahora, es que de verdad la Revolución te ha traicionado, pero igual contesto para no interrumpir este diálogo transoceánico. Desearía enviar mi carta a La Habana, pero no tengo tu dirección y si el correo es tan eficiente como el envío de tus pasajes, seguro se pierde.

Me enamoré de Brazil. Allá hay que ir a instalarse, como hizo Manuel Puig. Es un país formidable, gente alegre, acogedora, relajada y simpática, como en el mejor balneario tropical, pero detrás de ese aparente carnaval perpetuo hay una tremenda organización. 130 millones de habitantes orgullosos de su nación, todo lo suyo es lo más grande del mundo y así se sienten, están fabricando bombas atómicas, cohetes espaciales y microcomputadoras en las universidades, las esmeraldas brotan del suelo como mala yerba, las mulatas de fuego se pasean buscando guerra por las playas, de las montañas bajan planeando hombres alados, unos ícaros con alas de murciélago que aterrizan en silencio sobre la ciudad. Dios Santo, quedé deslumbrada. Estuve con intelectuales y artistas, gente mejor preparada, más culta y creativa que en cualquier país de Europa, sin la petulancia de los franceses o los argentinos, adorables. Nos invitó a cenar a su departamento uno de los hombres más ricos del mundo, alguien como para meter en novelas de realismo mágico, un gallego que empezó su carrera a los siete años repartiendo verduras en un mercado y a los nueve ya había contratado a un empleado. Hoy es dueño de refinerías de petróleo, barcos, bancos, etc. Tuve ocasión de entrar al baño y creo que el lavamanos era de oro puro, en todo caso el agua salía por la boca de una gárgola florentina en oro y plata, cuyas alas servían de manijas. Me hizo falta una llave inglesa para echarme aquella gárgola en la cartera.

En la Bienal de Sao Paulo me encontré con el público más receptivo que me ha tocado hasta ahora. Hubo gente parada en cola durante un par de horas para un autógrafo. La espera se debió a que cada persona me abrazaba, me entregaba una carta, un verso, un chocolate, una flor, enfín, cualquier testimonio de afecto, de modo que la fila no avanzaba muy rápido. Llegué al hotel tan conmovida, que pasé la noche despierta con el corazón galopando y una especie de miedo visceral. Siento que estoy flotando a mucha altura en una burbuja y que ésta puede reventar de un momento a otro, estrellándome contra el suelo. Creo que soy un bluf. La gente supone cosas buenas de mí y no soy capaz de cumplir con esas espectativas. Me hacen muchas preguntas políticas, obligándome a definiciones de las cuales no estoy segura... en realidad no estoy segura de nada y comienzo a sentir pánico, quiero esconderme.

Mi tercera novela está detenida hasta que regrese de Alemania en octubre, porque no puedo retomarla ahora. Mi madre viajó de Chile, la discutimos descarnadamente y ahora tengo que trabajarla más. Es bueno tener alguien como ella para confrontar un texto, alguien que sirva de espejo y me obligue a ir hasta el fondo de mis intenciones. Yo escribo por instinto, lleno páginas y páginas sin razonarlas mucho y después necesito que alguien me ponga freno, porque o si no me pierdo en las anécdotas laterales.

En esa cena en la casa del lavamanos de oro había varios escritores y se habló del placer y el dolor de escribir. Yo era la única que consideraba una fiesta la escritura y que me siento ante la hoja en blanco con la actitud de quien va a hacer el amor en una sábana recién planchada. Los demás hablaron del desgarramiento de escribir... supongo que por eso me siento un bluf, porque yo no sufro nada, lo paso fantástico. No es justo ¿verdad?

Te imagino en Cuba, echado en la arena mirando el cielo con ojos mansos y bigotes salados, pensando cuentos y escribiendo indisciplinadamente, como debe hacerse, a fin de cuentas. Un día volverás a Barcelona, fría, gris, hermosa y medioeval y allí etará esperándote esta carta entre una pila de otras. Un beso largo hasta entonces,

(firma)

Isabel Allende

Angel González

Albuquerque, 21, dic., 87

Querido Alfredo:

Te mando testi-
monio gráfico de tu paso por
estas tierras. Las fotografías son
muy buenas; los días —y las noches—
que estuviste aquí fueron invernales, y
no es siempre un consuelo para
el mal fotógrafo y su pareja.
Te mando también fotocopia
de mis artículos sobre Nuevo
México. Trataré de buscar mañana
en la biblioteca el ejemplar de
El País que reseñó los actos en
el ICI; el ejemplar que viste
aquí pasó de mano en mano,
y se devolvió, tal vez, recuerdo

paso de mano en mano

devolvió, tal vez recuerdo

por alguno de los muchos fans y
admiradores que dejaste en esta
ciudad.

Parece que Dick Gerdes recibió el
encargo formal de traducir el
Mundo para J.; estoy desconcertado
y muy ilusionado, creo que lo hará bien.
Sé feliz, en compañía de Pilar y
de la buena gente que hay por
todas partes, incluso en Barcelona.
Huye de los malos, aunque tean virtuosos
— especialmente si son virtuosos— como
de la peste. Si vas a Madrid, telefonéame
al Esteban, y dile que espero libros;
ampliaré detalles.

Y recibe un fuerte abrazo de
estos que no te olvidan

Ángel González

J. Marsé

Barcelona 22 diciembre 81

Querido Alfredo,

no tienes que disculparte de nada y si celebrar la suerte que tienes en estos momentos, cuyas atenciones conmigo en lo demás del asunto fueron infinitas.

Y no pienses más en ello. Uno ha vivido ya bastantes situaciones como esa en nuestra pequeña república de las letras [...] y no con menor vehemencia [...]

[...]

Se te recuerda y se te quiere [...]
Hasta pronto, Alfredo, con recuerdos de [...] y abrazos de tu amigo

(firma)

(Marsé)

Juan Marsé

Augusto Monterroso

T. Monterroso

México, 6 de febrero de 1987

Alfredo Bryce Echenique
Barcelona

Querdísimo Alfredo:

Me acaba de llegar <u>Magdalena Peruana</u> que leo con el gran placer que siempre me deparan tus libros, por cierto cada vez más llenos de sabiduría literaria, y de la otra, la de la vida. No tengo el gusto de decirte que la dedicatoria a Bárbara y a mí de uno de los cuentos, ese "Desorden en la casita" tan tierno y misterioso, que la dedicatoria, te decía, me haya sorprendido. No hay misterio adicional: el buen Pepe Durand, que recibió el libro mucho antes que yo, se apresuró a llamarme desde San Francisco (lo que le cuesta siempre unos cuarenta dólares) para contármelo, feliz también con su magdalena, que le haría recordar a saber qué cosas. Mil gracias, Alfredo, ya sabes que te quermos mucho. Y que no hay día en que no salgas en nuestras conversaciones con amigos, comunes o no.

A propósito. Hay algo pendiente contigo. Y son los cuatro artículos que me enviaste para publicar aquí, y de los que no te he dado noticias. Hay esto: Fernando Benítez dejó el Sábado de UNO MAS UNO en los días en que me llegaron. Yo se los di y ahora resulta que no sabe en dónde los puso y habrá que darlos por perdidos. (Acabo de interrumpir, te juro, por llamada de Pepe desde Berkeley). Pero lo que te quiero decir es lo siguiente: Fernando dirigirá ahora el suplemento cultural del diario <u>La Jornada</u>, suplemento que han remodelado especialmente para él y empezará a salir a fines de este mes. Estoy seguro de que a él le interesaría mucho publicar cosas tuyas, si bien hasta ahora no sé cuanto pagaría; en todo caso, poco, ya sabes de lo que se quejan siempre. Así, pues, me ofrezco a ser tu intermediario, antes de darte la dirección de Benítez, pues nosotros saldremos para Madrid-Barcelona-Granada-Marruecos en los primeros días de abril, o a mediados de abril. No te pido disculpas por la pérdida de los artícu-los porque, ¿que podía esperarse si <u>tú</u> perdiste un libro <u>inédito</u> de cuentos? Pido a los dioses que estés allí cuando lleguemos a Barcelona. Un gran abrazo *Tito*

Augusto Monterroso

Querido Alfredo: Me uno a todo lo que te dice Tito respecto a tu nuevo libro de cuentos: a mí también me encantaron todas fuertes, ovaria y por razones emocionales "Desorden en la casita". ¡Bravo! un beso, Bárbara —

Agenda
personal

Bravo, Bryce

ice Alfredo Bryce Echenique que cuando un libro le gusta mucho, pero mucho de verdad, al doblar la última página, lo deja sobre una mesa y aplaude. Yo, más que aplaudir, ovaciono las novelas de Alfredo Bryce Echenique. Les digo «¡bravo!», les pido bises y les hago la ola, como los hinchas de fútbol. Y grito más ahora, cuando vuelvo a leerlas después de haberlas leído ya, que cuando las cerré por primera vez. Entonces, al enfrentarme por primera vez a *Un mundo para Julius*, *La vida exagerada de Martín Romaña* o *El hombre que hablaba de Octavia de Cádiz*, me deslumbraron tanto que no llegué a apreciar todos sus matices. Y, sin embargo, recuerdo aquella emoción, mi inmensa admiración y, emboscada en ella, la determinación de escribir, ese anhelo febril de lanzarme sobre un teclado que solo despiertan unos pocos, grandísimos escritores, en los autores primerizos que aún no están seguros de llegar a serlo alguna vez.

Después, tuve el privilegio de conocer a Alfredo, de contarlo entre mis amigos, de pasar con él algunos días y muchas noches largas y felices, de quererle, en definitiva. Pero cuando vuelvo a abrir cualquiera de sus novelas, esas que daría cualquier cosa por haber escrito, él vuelve a ser el maestro, y yo una jovencita que aplaude al final hasta que le duelen las manos. ❖

ALMUDENA GRANDES

Escritora española.
En 1989 obtuvo el
XI Premio La Sonrisa
Vertical por la novela
Las edades de Lulú, que
fue llevada al cine por
Bigas Luna. Entre sus
libros, varios convertidos
también en películas,
se cuentan *Te llamaré
Viernes, Malena es un
nombre de tango, Atlas
de geografía humana,
Los aires difíciles, Castillos
de cartón* y *El corazón
helado.* Es colaboradora
del diario *El País,* de
España.

Alfredo Bryce, la variada realidad

L a vida sería imposible sin la ficción. Nadie puede vivir sin imaginar, sin inventar, sin creer, al menos por un eterno instante, que es otro. «El mundo tal como es» es una categoría falsa. Incluso dentro de la percepción que tenemos de la realidad, la estamos inventando. Toda realidad única es inaceptable, incluso las realidades más agradables y placenteras. Los niños buscan fabular, incluso cuando son felices, si es posible usar esa palabra. Aman a sus padres pero quisieran que sus padres fueran otros. Aman a sus amigos pero quisieran que sus amigos también fueran otros. Se aman a sí mismos pero también quisieran ser otros. Es por eso que nos inventamos y para que esa invención perdure, los escritores y lectores intentamos cristalizarla en palabras.

En una entrevista, hace algunos años, en el suplemento *Lundero* del diario *La Industria*, Alfredo Bryce declaraba que el origen de la vocación de un escritor no es un rechazo al mundo. El escritor, decía, no es alguien que ha recibido una afrenta del mundo y que quiere sustituir la realidad por otra. Es más bien alguien que busca enriquecer la realidad, que no quiere anularla o reemplazarla, sino hacerla más variada y accidental, que busca imponer en ella las palabras de su ficción. Esa idea del escritor no como un suplantador sino como un enriquecedor de la realidad siempre me ha parecido que está en la base de sus cuentos. Las palabras construyen realidades que acompañan, no se imponen, a la realidad tangible. Sus relatos son una exploración de las posibilidades extremas del lenguaje. Como ha dicho más de una vez, las palabras son de algún modo juguetes que el niño desordena para crear un mundo que convive con la realidad, antes de que la madre venga a ordenar su habitación.

La imagen del niño como un símbolo del escritor me parece justa. De algún modo, todos los escritores tienen que hacer pervivir en ellos las cualidades del niño. La imaginación, el asombro, la hipersensibilidad, son instrumentos esenciales del mundo infantil que perviven en cualquier escritor de valor. Los niños nunca tienen ideas, opiniones o pensamientos abstractos, elaborados, en sus juegos. Solo las ganas de inventar. Para ellos, las piezas de sus juegos son reales y los dramas que las piezas actualizan son la realidad misma.

En este juego de la vida, para Bryce, los indicadores más fieles son la ironía, las contradicciones, las explosiones del afecto y las prisiones del insomnio. Adecuado a estos temas, la sinceridad ha sido siempre más importante en su lenguaje que el culto a la forma. Sus usos originales del idioma han acuñado su modo de ver el mundo: un cúmulo de contradicciones y de superposiciones en el que solo sobreviven las duras lecciones de la amistad y los desencantos del amor. Es como si Bryce hubiera sentido desde el principio que el lenguaje «literario» no fuera suficiente para expresar la naturaleza esencialmente multivariada y contradictoria del mundo. Su verdadera comunicación está basada en la soltura de un lenguaje oral mimetizado en la página escrita. La creación estética de esta oralidad aparece plenamente en novelas tan memorables como *Un mundo para Julius*, *Reo de nocturnidad* y *La vida exagerada de Martín Romaña*. La ilusión de la oralidad, de la proximidad,

ALONSO CUETO

Escritor peruano. Ha publicado los libros de relatos *La batalla del pasado*, *Los vestidos de una dama*, *Amores de invierno*, *Cinco para las nueve y otros cuentos* y *Pálido cielo*; y las novelas *El tigre blanco*, *Deseo de noche*, *El vuelo de la ceniza*, *Demonio del mediodía*, *El otro amor de Diana Abril*, *Grandes miradas*, *La hora azul* (Premio Herralde de Novela), y *El susurro de la mujer ballena* (finalista del Premio Planeta-Casa de América 2007). Ha publicado, también, la obra de teatro *Encuentro casual*, el libro de artículos sobre temas peruanos *Valses, rajes y cortejos* y *Sueños reales*, ensayos sobres libros y escritores.

del contacto está plenamente lograda en esas páginas. No es un lenguaje que pida, como en otros autores, ser admirado o reconocido o venerado. Pide algo mucho más modesto y sincero: ser escuchado. Es un escritor que busca acompañar, no impresionar. Cuando escribe, por otro lado, parece siempre estar celebrando lo que cuenta. Es, en suma, el lenguaje de la conversación. Uno se siente cerca del narrador que está hablando al otro lado.

La figura de Lawrence Sterne está presente una vez más con su afirmación esencial: la verdad de la vida está en el desorden, en la variedad, en la amplitud de los detalles. No hay un centro en la existencia, sino muchos puntos que se disgregan. Ese es el universo en el que sobreviven Julius, Martín Romaña y el gran narrador de «Con Jimmy en Paracas».

Pero como sus lectores sabemos bien, no es un mundo de fantasías o de sueños felices. Si bien el humor va sesgando, reconstruyendo, perfilando los personajes, este es un universo también definido por el dolor. La pérdida, la ausencia, la fugacidad, son elementos siempre presentes en estos sueños sombríos, estas alucinaciones dulces, de la obra de Bryce. Un cuentista natural, un *storyteller*, un cuentacuentos, para él todas sus historias son verdad. Quizá la mejor intérprete de su obra no hemos sido ninguno de nosotros sino su madre, quien alguna vez dijo, a propósito de una de las historias que les contaba a sus compañeros, «Si Alfredo lo dice, entonces es verdad».

En la narrativa, como en la conversación, nunca importa si una historia es real. Lo que importa es que lo sea en el momento en el que se la cuenta. La magia de un escritor, su poder de hechizo, es lograr el milagro de la realidad de la fantasía. En ese instante, lo real y lo imaginario se confunden. De algún modo, lo imaginario llega a la realidad y se convierte en parte de ella, para enriquecerla.

Un escritor importante no solo crea un lenguaje propio. También construye un universo original. En las grietas que su lenguaje abre aparecen, en un estado original, previo a la elaboración, las emociones ignoradas por la épica, la ternura, la compasión, el humor. Las frases largas que buscan prolongarse, que no quieren morir para no abandonar a sus personajes, son las de un devoto de las posibilidades infinitas del idioma.

La primera frase de *El huerto de mi amada* («Carlitos Alegre, que nunca se fijaba en nada, sintió de pronto algo muy fuerte y sobrecogedor, algo incontenible y explosivo...») basta para mostrar la premisa de una historia de Bryce: un tipo inocente al que le ocurre una serie de situaciones tragicómicas. En *El huerto de mi amada*, Carlitos Alegre tiene diecisiete años y se enamora de Natalia, una mujer divorciada de la alta sociedad limeña, dieciocho años mayor que él. Este lenguaje extenso, abarcador, es el adecuado para representar un universo de lo impredecible, de lo contradictorio, de lo irónico y tierno.

Las historias de sus personajes son las de él mismo. Si alguien conoce a Alfredo, creo que descubre a un tipo inocente y afectuoso, alguien que no imaginaba de niño todo lo que le iba a ocurrir en el mundo. He tenido el privilegio y la dicha de acompañarlo muchas veces. Cuando nos conocimos en la calle Guadalupe de la Universidad de Texas gracias a Julio Ortega, cuando salimos a caminar por Barcelona o por los malecones de Miraflores, cuando cenamos en compañía de Anita y tantos amigos en Lima, siempre he pensado que se sigue asombrando del mundo, que se sigue exaltando y que el secreto de esa pasión continúa intacto. Esa capacidad de asombro, que descansa en el afecto y la amistad, nos acompaña a sus lectores y amigos, que siempre en su caso han sido muchos y los mismos. ❖

Alfredo y Alfredo

gual que la geografía, la literatura también tiene sus capitales, y en mi viaje de lector una de ellas, digamos que el equivalente a Roma o Berlín, es *Un mundo para Julius*. Naturalmente, Nueva York, Madrid, Praga y Londres, que son mis ciudades favoritas, están reservadas a libros de poemas, pero entre los narradores, esa novela ocupa un lugar destacado, como *La vida exagerada de Martín Romaña, El hombre que hablaba de Octavia de Cádiz* o *La última mudanza de Felipe Carrillo*. Por eso fue tan sorprendente la velocidad con que su autor pasó de ser Bryce Echenique a ser Alfredo en cuanto lo conocí: por lo general, las personas a las que admiras se vuelven proporcionalmente antipáticas, o como mínimo distantes a esa admiración, en cuanto huelen tu respeto. A los dos Alfredos que hay dentro de Bryce Echenique, a los diez minutos de conocerlos ya los conocía de toda la vida. Él sabe que es un escritor importante, pero eso no le importa cuando está entre amigos, y hay que decir que el nuestro fue un encuentro con red de seguridad, la que formaban algunos amigos comunes que me lo presentaron. También es verdad que antes habíamos hablado por teléfono en bastantes ocasiones, porque yo solía llamarlo para que colaborase en *Diario 16*, el periódico en el que trabajaba; pero eran conversaciones tan cordiales como formales, de esas que no dejan huella.

Los dos Alfredos de los que he hablado son opuestos entre sí por fuera, pero iguales por dentro. El primero es un señor más bien formal, incluso algo ceremonioso, que suele desaparecer cuando la noche se mueve y hay

confianza, para convertirse en un ser divertido, que tiene mil anécdotas

fantásticas que contar y no repara en gastos a la hora de hacérselo pasar bien

a sus acompañantes, por lo que lo mismo te hace morir de risa contando

las interminables historias que le han ocurrido a lo largo de su agitada vida,

que se mete en una imitación de Bola de Nieve convirtiendo las mesas de

los restaurantes en pianos imaginarios y a sí mismo en un negro cubano que

canta boleros de amor. Los dos, el Alfredo de antes de las doce y el de después,

son una persona cariñosa que se hace querer, completando de ese modo el

círculo de la amistad, que para él es tan sagrada como ya sabe todo el que

haya leído los dos tomos de sus memorias, *Permiso para vivir* y *Permiso para

sentir*. Las citas con Bryce son, además, un fuego que se alimenta a sí mismo,

porque nunca te dejan sin algo que recordar y, normalmente, generan nuevas

historias que luego unos y otros pegamos en el álbum de Bryce Echenique y, a

partir de entonces, enseñamos una y otra vez. En resumen, que Alfredo y sus

libros son iguales: cuando llegan a ti, es para quedarse.

Lo mismo que uno tiene libros favoritos de un autor —que en mi caso

y su caso son todos los que ya he citado y alguno más como *La amigdalitis

de Tarzán*, que presentamos en Madrid, en la Casa de América, Almudena

Grandes y yo, haciendo de aquella multitud que había acudido a verlo el

principio de una reunión pequeña de amigos que duró más de la cuenta, es

decir, el tiempo justo para quererse un poco más—, también guarda en la

memoria momentos inolvidables de ese mismo autor, y entre tanto carnaval

y tanta fiesta, yo hasta ahora me quedo con uno de los días más tristes de mi

vida y de la vida de mis amigos, que fue el del entierro de Ángel González,

en Oviedo. Jamás se me irá de la cabeza que Alfredo se presentó allí solo, en

silencio y sin que, por lo que yo sé, nadie lo esperara, en un acto privado de

BENJAMÍN PRADO

Poeta y narrador
español. Ha publicado
las novelas *Raro, Nunca
le des la mano a un
pistolero zurdo, Dónde
crees que vas y quién te
crees que eres, Alguien se
acerca, No solo el fuego,
La nieve está vacía* y *Mala
gente que camina;* los
libros de poesía *Un caso
sencillo, El corazón azul
del alumbrado, Asuntos
personales, Cobijo contra
la tormenta* y *Todos
nosotros;* los ensayos
*Siete maneras de decir
manzana* y *Los nombres
de Antígona;* los libros de
relatos *Jamás saldré vivo
de este mundo* y *La sangre
nunca dice la verdad;* y el
libro de memorias *A la
sombra del Ángel (13 años
con Alberti).*

amor a Ángel que a todos los que estábamos en aquel infierno nos emocionó. Mira que me he reído con Alfredo, pero esa vez en que lloramos juntos es la imagen suya que más me importa.

Al lado de Alfredo, Bryce Echenique es un escritor extraordinario a quien siempre he admirado y del que pueden aprenderse muchas lecciones provechosas para escribir una novela, entre otras su mezcla de rigor e invención, de conocimiento e irreverencia o de humor y melancolía, alquimias que logra hacer con la sabiduría, la astucia y el dominio del oficio propios de un verdadero mago. Los libros de Bryce se leen una vez para enterarse, se releen para aprender y se vuelven a releer para confirmar todas las sospechas: es uno de los grandes.

Así que aquí nos quedamos, como siempre, esperándolo dos veces, una a él y otra a su siguiente libro, que en cuanto salga a la venta iremos a comprar con ganas de que esa tarde haya que salir de viaje, y uno pueda quitarle el precinto en el avión o el tren, y entregarse al placer de la buena literatura, que si en sí misma ya basta y sobra, cuando además está escrita por los buenos amigos, te hace disfrutar el doble. ❖

En San Lorenzo de El Escorial, a la salida del célebre restaurante Charolés. De izquierda a
derecha: Pepe Esteban, Juan Cruz, Ángel González y Alfredo Bryce.

Memoria de Bryce

uando pienso en Alfredo Bryce generalmente pienso en Martín Romaña. Comprendo que se trata de una especie de infidelidad subrepticia, ya que lo que debería hacer al acordarme de Bryce es acordarme de él y no de ese personaje que hace de las suyas por ahí y que, como su autor, gusta de llevar una vida exagerada. Me parece muy bien que ocurra así. Las exageraciones, en literatura, son como las excepciones en la vida. Lo que pasa es que entre el autor y sus héroes se ha establecido desde siempre una complicidad tan extrema que ya no se sabe muy bien en qué casa vive la realidad y en cuál la ficción. Pero da lo mismo, la buena vecindad está, en este caso, garantizada.

Mi memoria de Alfredo Bryce está favorecida por los mismos ingredientes literarios y vitales, de modo que la distancia entre la vida y la literatura no es ajena a esas asociaciones onomásticas. Yo he compartido con él no pocas andanzas por no sé qué geografías, qué estaciones, qué maneras espléndidas de cultivar la amistad, qué malditas formas de resolver las dificultades para dar por terminada una reunión. Así que no solo soy un lector agradecido de Bryce, sino un reconocido compañero de peripecias preferentemente nocturnas. Me agrada evocar esos momentos en que la risa era el más imprescindible nutriente de la felicidad entendida como una de las bellas artes. Pepa y yo brindamos por todo eso, por lo que ya ha pasado y por lo que todavía queda por venir. Y un muy grande y amoroso abrazo. ❖

JOSÉ MANUEL CABALLERO BONALD

Narrador y poeta español de ascendencia cubana y francesa. Obtuvo el Premio Nacional de Poesía 2006. Colaboró con Camilo José Cela y participó en el proyecto del Instituto de Lexicografía de la Real Academia Española. Su obra poética es abundante e incluye dos libros de memorias: *Tiempo de guerras perdidas,* de 1995, y *La costumbre de vivir,* de 2001. En 2009 publicó el libro de poesía *La noche no tiene paredes.*

«*[Hay en La vida exagerada de Martín Romaña] la invención de un estilo,* de una manera de contar tan familiar y directa, pero al mismo tiempo alerta, literaria y hasta poética cuando es necesario, prosa inventiva, verde y sabrosa, milagroso salto de la conversación a la escritura, que envuelve, subyuga y nos acerca al autor al punto de escuchar una voz, su voz, Bryce sentado en un sillón Voltaire contándonos la exagerada vida de su alter ego».

(Julio Ramón Ribeyro, «Habemus genio», en *Alfredo Bryce Echenique ante la crítica,* p. 348)

Elogio a la timidez: una terapia para que duela menos

Cuando dos tímidos se encuentran puede pasar cualquier cosa. Cualquier cosa desastrosa se entiende. Que nadie hable, por ejemplo, o que los rostros se sonrojen y las manos transpiren. Pero en esto, como en casi todo, Alfredo Bryce Echenique, el gran tímido, es la excepción.

Por lo general Bryce se desvive para que la gente a su alrededor se sienta cómoda, incluida una entrevistadora que le había tocado el timbre de su apartamento en Madrid en la calle Francisco de Rojas N.° 3. Era el año 1989 y Bryce Echenique recién se había trasladado desde Barcelona. Casi no había muebles y nada para beber. Sin embargo, el autor de *Un mundo para Julius* hacía todo lo posible por colaborar con mis preguntas, contando anécdotas, hablando de su historia de vida, describiendo cómo se convirtió en escritor pese a la negativa de su padre, compartiendo la cocinería de muchos de sus entrañables personajes.

No siempre la admiración que se tiene como lector a un escritor por la relevancia de su obra puede traspasarse a cariño y aprecio por ese autor como persona. Por algo mucho se dice que a los escritores es mejor leerlos que conocerlos. Y las más de las veces es verdad.

Pero cuando una periodista como yo —que no soy Janet Malcolm precisamente— entrevista a Alfredo Bryce Echenique con buena parte de sus libros en la cartera para pedirle que los firme porque son novelas que se han instalado en su imaginario interior, encontrarse con que el entrevistado se pone en el pellejo de quien tiene al frente y habla hasta por los codos tratando de colaborar a como dé lugar, queda sencillamente *touché*.

A partir de ese momento, nuestra conversación se cultivó, con gran generosidad de su parte, a punta de cartas escritas con su angulosa y característica letra (Bryce debe haber sido el último ser sobre esta tierra en abandonar el formato de la carta tradicional), encuentros aquí o allá y mediante amigos comunes.

Durante estos veinte años de amistad, he observado muchos cambios en Alfredo. Desde luego terminó con su sempiterno bigote, ese con el que llegó a París tratando de huir de la horrorosa Lima en 1964 y de la que, en el fondo, nunca ha salido del todo. Desde que se rasuró, su rostro es otro, y yo al menos todavía extraño que el característico titubeo de su conversación —eh, eh, eh— ya no esté acompañado de un casi imperceptible temblor de su mostacho. Mas impresionante aun que verlo sin bigote fue descubrir que ya no fuma... ¿podrán creerlo quienes lo conocieron cuando agitaba sin cesar esas manos finas de pianista inhabilitado por culpa de un dedo meñique torcido con un cigarrillo encendido? Vuelo de manos y cenizas a medio quemar siempre acompañaron su incontinencia verbal. Compulsivamente encendía uno y otro cigarrillo y, si bien sus manos

CECILIA GARCÍA HUIDOBRO

Periodista chilena. Es decana de la Facultad de Comunicación y Letras de la Universidad Diego Portales, de Chile, y directora de la Cátedra Roberto Bolaño de la misma universidad.

no tecleaban piano alguno, las de la máquina de escribir en cambio estuvieron siempre envueltas en humo desde su primer volumen de cuentos, *Huerto cerrado*.

Buen titulero en mi opinión, sus libros suelen ir precedidos de un poderoso nombre. Tanto que los periodistas hemos usado y abusado de ellos a la hora de escribir perfiles y entrevistas: «Tantas veces Alfredo», parodiando su novela *Tantas veces Pedro*, o «La mudanza de Bryce Echenique», en vez de *La última mudanza de Felipe Carrillo*, y, de seguro, el que se lleva el premio es «La vida exagerada de Alfredo Bryce», por *La vida exagerada de Martín Romaña*. No quiero ni pensar cómo quedarían títulos como *La amigdalitis de Tarzán* o *Reo de nocturnidad* en manos de estos creativos colegas...

No necesito subrayar que cada uno de estos títulos está construido sobre la topografía de los afectos. Si no recuerdo mal, uno de sus últimos libros de ensayos se llama *Entre la soledad y el amor* y, para quienes lo conocemos, nos parece una verdadera declaración de principios. Más si ese título va acompañado de este desolador epígrafe de François George: «Si me he quedado solo, es por falta de maldad».

Pero todos esos cambios que he percibido a través del tiempo se dan sobre el escenario inamovible de la sensibilidad, la ternura y la timidez, escenario que se ha mantenido constante en el paisaje emocional de Alfredo Bryce. Por eso, el hombre que escribe para que lo quieran, que no viaja de un lugar a otro si no de un amigo a otro, «como un náufrago va de boya en boya», es un verdadero campeón de la novela sentimental latinoamericana. El mundo bryceano está lleno de *amor* y *humor*, que son la misma palabra para Bryce Echenique. Sí, no creo que advierta que pueda haber una falta de ortografía entre ambas... para él son lo mismo. En todo caso, afecto y humor han sido sus antídotos para conocer el mundo y el mejor mecanismo para sobrevivir al espanto de la realidad.

Bryce Echenique ha sabido llevar el *ethos* de la timidez a sus novelas y es parte constitutiva de sus personajes. A tal punto que me atrevería a decir que el conjunto de su obra constituye una verdadera estética de la timidez. No en vano sus miles de lectores nos identificamos con esos relatos suyos poblados de estos antihéroes que tratan de acomodarse a la extrañeza que causa el mundo, asegurándonos así, como bien dijo el mismo Alfredo Bryce Echenique alguna vez, «que duela menos». ❖

Un escritor peruano en Texas

onocí a Alfredo Bryce a principios de la década de los ochenta en la ciudad de Austin, allá en el sur de Texas, cuando pasó por la universidad para hablar sobre su obra. Poco antes de su visita, yo había leído con gran entusiasmo *La vida exagerada de Martín Romaña,* en ese entonces su última novela, y junto con otros compañeros aguardaba su charla con gran expectativa. Recuerdo que llegó a Austin con un brazo enyesado, producto de un accidente automovilístico que solo él nos supo contar con lujo de detalles en una tertulia, y que, luego de muchos años, había dejado París para instalarse en Montpellier, en el sur de Francia, para empezar una nueva vida. No intentaré reconstruir aquí más detalles de la charla magistral, realmente magistral, que Alfredo nos brindó esa tarde. Solo diré que un buen amigo de la época tuvo la gran idea de grabarla y que sus «Confesiones sobre el arte de vivir y escribir novelas» es un texto que todo buen lector de su obra no se debe perder. Porque nadie mejor que el propio Alfredo para contar con humor, ironía e imaginación sus grandes fortunas y no pocas adversidades para abrirse camino en el difícil mundo de la literatura como lo hizo esa tarde. Y nadie mejor que él para mostrarnos lo que es un auténtico contador de historias, un verdadero narrador oral. Y allí está esa charla para demostrarlo y también, por supuesto, toda su gran obra, llena de personajes memorables.

En el otoño de 1986, Alfredo volvió a Austin, esta vez invitado como profesor visitante de la Universidad de Texas (y creo que por aquello de la charla magistral de años atrás). Fiel a su estilo de escritor trotamundos, esta vez Alfredo venía de pasar una temporada en Cuba. Poco antes, había dejado la docencia en Francia para instalarse en Barcelona y ahora vivía exclusivamente de su pluma. Por mi parte, yo seguía estudiando en Texas y fui testigo del magnífico curso que dictó durante varios meses sobre *Cien años de soledad* en la sala de una elegante biblioteca texana que guardaba, entre otras curiosidades, un cuadro de nuestro pintor José Sabogal.

No fueron pocas las noches de tertulia con Alfredo durante esos meses en Austin. No solo por la jovialidad natural que lo caracteriza, sino porque, además, Alfredo necesitaba contarle a todo aquel que quisiera escucharlo la vida y milagros de un tal Felipe Carrillo que por entonces le daba vueltas en la cabeza. Y así fue que una noche (y muchas noches más), Alfredo, Aníbal, Cristóbal y yo recalamos en un viejo bar austinita llamado The Tavern para beber cerveza texana y en amable charla de amigos escuchar las historias del pobre Felipe Carrillo con todas sus mudanzas y sus fortunas y adversidades. Estas últimas eran muchas: primero, con su amada Genoveva; después, con Sebastianito-ito-platanito, el edípico hijo de aquella; *and last but not least*, con Eusebia Lozanos Pinto allá en la playa de Colán y con Fenómeno de El Niño y maremoto incluidos. Fueron tantas nuestras visitas a The Tavern que muy pronto Alfredo bautizó el bar con el nombre de La Cucaracha. Y es que, desde el segundo piso de nuestro lugar de tertulia, se podía ver un enorme cucarachón iluminado de verde y con unos ojos muy saltones para hacerle publicidad a una gran tienda de fumigación. Nada mejor, entonces, que cambiarle de nombre al barzucho que nos acogía siempre en esas noches de tertulia y honrar así al horrible bicho texano.

CÉSAR FERREIRA

Crítico peruano. Doctor en Letras Hispanoamericanas por la Universidad de Texas, en Austin, es especialista en las obras de Alfredo Bryce, Edgardo Rivera Martínez y Julio Ramón Ribeyro. Actualmente trabaja como profesor asociado de Español en el Departamento de Español y Portugués de la Universidad de Wisconsin, Milwaukee.

En Austin, Texas, donde fue profesor visitante en 1987 y escribió *La última mudanza de Felipe Carrillo*. A su derecha, tres de sus alumnos: Cristóbal Pera, español, Larry Wallis, norteamericano, y César Ferreira, peruano.

Hasta que un fin de semana los cuatro amigos decidimos ir de excursión un poquito más al sur de Austin, a San Antonio, la ciudad donde estaba El Alamo, ese viejo monumento al valor texano en una guerra contra México y que el mismísimo John Wayne había inmortalizado en una de sus películas. En realidad, la excusa para salir de paseo no solo había sido conocer San Antonio; también se trataba de visitar al padre de un viejo amigo de colegio de Alfredo que, según decía él, había sido el potentado gerente de una minera norteamericana allá por los años cincuenta en la sierra del Perú y un buen anfitrión en los viajes de Alfredo al mundo andino en su adolescencia. No hay amigo más fiel a sus amigos que Alfredo Bryce. Así de claro. Y ahora había que ir en busca de este desconocido señor que, en boca de Alfredo, muy pronto se convirtió en «gringo viejo». Tras dar muchas vueltas esa tarde por el inmenso San Antonio, llegamos a la enorme casa del venerable anciano y pronto nos dimos cuenta de que el encuentro con ese solitario personaje, ya algo golpeado por la vejez y los años, fue más bien un duro y repentino retorno al pasado para Alfredo. Quienquiera saber por qué debe leer el relato «Un sapo en el desierto» del libro *Dos señoras conversan*. Allí, el lector encontrará que «gringo viejo» se convirtió en don Pancho Malkovich; que Aníbal se volvió Fermín el puertorriqueño; que Cristóbal es el Sevillano pelirrojo que vive en Barcelona (aunque ya no es pelirrojo, creo, ni vive en Barcelona); que yo soy Carlos (aunque no bebo Budweiser); y que el protagonista se llama Mañuco Cisneros y para más señas es limeño, es profesor e incluso escritor. No diré más porque, bajo la pluma de Alfredo, todo parecido con la realidad es ficción y todo aquello que parece mentira bien puede ser realidad. Y todo ello porque la vida y la literatura son y serán siempre la una y la misma cosa para Alfredo. Y en Texas así lo demostró porque, dicho en pocas palabras, Alfredo Bryce es un maestro en el arte de vivir y escribir novelas.

Salud desde La Cucaracha, querido Alfredo, y que sigas contando muchas historias más. ❖

Con Alfredo Bryce en La Habana

El primer recuerdo que tengo de Alfredo fue en Barcelona. Con motivo del Día del Libro del año 1970, Barral Editores presentaba una nueva colección de Narrativa Hispanoamericana con tres títulos. Además del de Alfredo, *Un mundo para Julius,* se daba a conocer como novelista el entonces escritor argentino-español Marcos Ricardo Barnatán, que poco después ya sería español-argentino, y completaba la terna, comandándolos, el ya destacado Alejo Carpentier. Dos novatos y uno ya consagrado, aunque aún no demasiado conocido en España. Habían sido los elegidos por los editores para lanzar una colección con el ánimo de que los narradores posteriores al famoso *boom* no quedaran aislados, y demostar que la narrativa hispanoamericana no estaba moribunda. En realidad, Donoso había incluido a Alfredo en algo así como el *boom junior,* pero él se encontraba desmarcado, aunque no en fuera de juego: ni fue de un *boom* ni pudo ser del otro; como dicen los franceses, siempre entre dos sillas con el culo en el suelo. Yo, Conchita y yo, acompañados por el malogrado Michi Panero, íbamos por la amistad que nos unía con Barnatán, pero sí recuerdo bien aquellos primeros intercambios de palabras con Bryce. La primera impresión era la de un escritor limeño con mostacho francés o la de un escritor peruano con andares de parisino desgarbado. Educado, sonriente y acompañado en todo momento por una cerveza.

Quizás hablamos insuficiente pero sí lo justo para que desde aquel día supiéramos quiénes éramos cada uno. Bien recuerdo que él era el protegido de Carlos Barral, su editor, y que las celebraciones pospresentación habituales, por primera y última vez no las festejamos juntos.

Otras veces tuvimos la oportunidad de vernos después de aquel día primero, aunque sin trascendencia alguna; nunca más allá de los saludos pertinentes y más correctos, con la diferencia de que aquel escritor europeo-hispanoamericano de vuelta, cada vez se parecía más a un virrey de porte colonial. Aquella capa española que le revestía le concedía unos aires que no pocas veces le dejaron de comparar con el majestuoso Charles Bronson, y le estaban convirtiendo poco a poco, pero a grandes pasos, en el escritor más peruano de España. Como Barnatán en su caso, Alfredo llegaría a ser poco después el novelista más español del Perú. Incluso desde Francia: el novelista más español del Perú en Francia. Algo así, según escribiría más tarde, como si hiciera una literatura peruana que transcurriera en París y que hablara de París. Que un peruano pudiese hablar de París y hablar del Perú en París y de lo que es la peruanidad...

Sí. Desde los primeros momentos en que tuvimos la oportunidad de hablar, sin duda hubo una cercanía amistosa e incluso calurosa, pero cuando de verdad ya supe bien quién era Alfredo Bryce Echenique fue el día 7 de marzo de 1986. La Habana. Hotel Riviera. Hacía algunas semanas que me habían ofrecido participar como jurado del Premio Casa de las Américas de Poesía, pero no me decidía a aceptar porque, como es mi costumbre, después de saber quiénes eran los demás miembros componentes, no me atraía lo necesario. Supe que Alfredo también había sido invitado para el jurado de cuentos pero no terminaba de confirmar su

CHUS VISOR

Es poeta y, además, uno de los más importantes editores de poesía en español. Fundó Visor Libros, su editorial, en 1968. Es Premio Nacional de España a la mejor labor editorial.

asistencia. Cuando ya tuve la información de que su presencia era segura, también confirmé yo la mía. Y allí nos encontramos. Poco después de media tarde ya estaba yo en la barra del bar del hotel, solo, con algún ron, y un par de horas después apareció Alfredo cansado, sudoroso, tan sediento como nunca le había visto. Aparcó las maletas en la recepción del hotel y, sin tan siquiera subirlas, asegurando que en su habitación había cientos de dominicanos, nos congratulamos mutuamente de encontrarnos, con gran felicidad por ambas partes, y lo festejamos, como él mismo confirma en su *Permiso para vivir*, como hacen los caballeros españoles, en la barra y con copas. Así fue hasta que caímos derrengados en algún lugar del local, y hasta que por la mañana fueron a buscarnos para la inauguración del premio. Con muy buen sentido, los camareros del hotel no nos molestaron, nos dejaron estar, y allí nos abandonaron como a dos piltrafas. La sorpresa cuando nos despertaron fue mayúscula. Para todos. Nosotros no sabíamos dónde estábamos, y ellos, los encargados de trasladarnos desde el hotel, se encuentran con que Alfredo, el asignado para dar el discurso, junto al ministro de Cultura y al presidente de la Casa de las Américas, Armando Hart y Roberto Fernández Retamar, estaba como estaba, aunque con la corbata perfectamente colocada. Bien que mal, allá nos llevaron sin más, sin dilaciones, y cuando todo hacía prever que el desastre se acercaba, que unos negrísimos nubarrones adornaban el auditorio, Alfredo tomó la palabra y fue capaz de pronunciar un discurso absolutamente memorable. En todos los sentidos, una conferencia que perfectamente dibujó la personalidad de quien la estaba dictando. Esa magia que maneja como nadie sabe hacerlo para embaucar, esa sabiduría de la que solo hace uso cuando es necesario, esa cercanía de hermano que controla como solo sabe él, las expuso con tanta franqueza y tanto humor que hizo que los aplausos fueran interminables, las risas por sus sabias ocurrencias eran continuas y excitantes y todas las sombras que habían estado amenazando el acto se esfumaron dando paso a una luminosidad limpísima. Poco ya pudieron decir los grandes dirigentes del acto, porque nadie les estaba escuchando. Los elogios al discurso de Alfredo eran absolutos y los comentarios no había manera de reducirlos. Solo Alfredo es capaz de pasar así la noche y responder sin haberse quitado los zapatos, soy testigo, como lo hizo con tanta inteligencia. Solo un personaje como él puede aparecer en un salón de actos repleto de autoridades, con la hora pasada y con las condiciones físicas disminuidas, y no solo por no haber descansado durante bastantes horas antes, también estaba recién llegado de un largo viaje de avión, enfrentarse a un miura y cortarle las dos orejas y el rabo. Genio y figura.

Recuerdo al final del acto, en los pasillos, en los patios, en las distintas dependencias de la Casa, cómo se comentaba la faena. Admiración absoluta y rendición total. De entre la multitud salió un personaje que se me acercó simpático y abierto, que había observado mi cercanía a Alfredo pero que, con seguridad, no quería de primeras hablar con él y me tomó a mí de enlace. Resultó ser el embajador del Perú en La Habana. Un profesional. Algo extraño habría cuando el tal embajador no quería acercarse directamente a Alfredo. Tampoco me importaba. Lo cierto es que sacaba más pecho que nadie, porque su compatriota había triunfado y quería algo de parte. Días después nos invitó a comer en algunos de los sitios turísticos más en boga de La Habana. Y fuimos. Por Radio Martí, la odiosa emisora que los cubanos tienen en Miami, no paraban de recriminarnos tanto a Alfredo como a mí, y aquí no sé por qué no incluían al resto de los miembros del jurado, hasta quince, que hubiéramos aceptado participar en actividades en cierto modo gubernamentales.

Estábamos al tanto de las continuas infamias que lanzaban por las ondas. Quiero recordar que era el año 1986. Aquel horterilla que se perdía por parecer amigo del famoso novelista Bryce Echenique, y que muy poco más le importaba en aquellos momentos. Aquel ingenuo que pensaba que regalándole al escritor una carta del restaurante Marina Hemingway, qué casualidad que precisamente este fuera uno de los más grandes narradores de los que siempre admiró Alfredo desde sus primeros escritos en París, con el menú tallado en madera, podría asegurar simpatía hacia su persona. Qué pesado era el tal embajador, pero qué guapa su secretaria y qué buenas las cervezas que nos tomábamos, mientras él miraba con la boca abierta, sin apenas saber qué decir o qué no decir. Sí fue motivo de muchas risas, aunque la verdad es que muchas veces no tenía ninguna culpa. Éramos felices y poco necesitábamos para el jolgorio.

Depende mucho de cómo te encuentres para que una misma cosa te pueda desquiciar o sea motivo de estrepitosas carcajadas y allí, en La Habana, estábamos más dispuestos a lo segundo. Motivos había para que el humor se hubiera secado pero no queríamos aceptarlo. Nada mejor se nos ocurrió cuando Fayad Jamís, un poeta tan estupendo como buena persona y poco hablador, propuso una lectura de poemas para los poetas del premio. Eran cinco y una hora la duración prevista. La poeta uruguaya Amanda Berenguer hizo una observación: su marido José Pedro Díaz, que figuraba como jurado del premio de novela, también era poeta y debería de leer. Jamís, comprensivo, aceptó la propuesta pero ya el tiempo que debería de leer poemas cada uno se limitaba. Si leían cinco, los minutos de que disponía cada uno eran doce; si, con su marido, eran seis los lectores, los minutos quedaban reducidos a diez. La poeta Berenguer, sobre la marcha y sin encomendarse a nadie lanzó la solución: «Entonces

En la piscina del hotel Riviera, en el malecón de La Habana, en 1986. De izquierda a derecha: el escritor cubano Humberto Arenal, Alfredo Bryce, el escritor costarricense Rodolfo Dada y Chus Visor, gran editor de poesía en España.

él no lee y yo tomo su parte. Yo leeré veinte minutos». Éramos testigos de primera línea y solo fuimos capaces de encadenar unas carcajadas estrepitosas. Podría muy bien semejante situación provocar otro efecto, pero no estábamos dispuestos a dejar colgados aquellos días de felicidad y tranquilidad por semejantes mediocridades. En su honor, tan discutible como en parte gracioso, Alfredo sacó todo su humor y se arrancó con un zapateado acompañado de una letra inventada sobre la marcha. Fue la mejor manera de cerrar un episodio tan grotesco como inesperado, pero algo había que hacer, como algo también había que hacer el día en que se les ocurrió a los organizadores llevarnos a una sesión de santería. Fue en Guanabacoa y estaban avisados todos los santeros y todos sus santos de que los asistentes éramos ciudadanos ilustres o poco menos. A Alfredo y a mí nos acomodaron en la primera fila, sitio que no sé si nos merecíamos, pero sí recuerdo que fue un imperativo y, más aún, un impedimento. Pronto habíamos localizado un bar y, aunque nuestro deseo era salirnos a los cinco minutos, por culpa de nuestro tan visible posición tuvimos que retrasar la visita al honorable lugar tres minutos más.

Claro que todos se extrañaron mucho de que nosotros prefiriéramos mojitos a santeros, pero nadie, ni de dentro del premio ni de fuera, quería contrariarnos. Éramos los niños protegidos y todos querían que nuestra estancia fuera lo más agradable y para ello constantemente nos proponían actividades, visitas. Como cosa extraordinaria nos instaron a visitar en Matanzas a la poeta Carilda Oliver, cuya poesía a mí me interesaba particularmente y poco después la editaría en la colección Visor. No era nada fácil organizar esta expedición, pero lo consiguieron para vernos más felices. Junto con Trini, Miguelito Barnet y un conductor, los tres abstemios, salimos de La Habana los cinco y dos botellas de ron que previamente había adquirido Alfredito en el hotel. Habían conseguido galones de gasolina para el viaje, pero no suficiente hielo. Llegamos a destino, a la puerta de la casa de Carilda, pero solo a la puerta. El ron se había terminado por el camino y nuestras condiciones físicas no eran en aquellos momentos las mejores para presentarnos ante nadie. Pero no desaprovechamos el viaje, todo lo contrario. Durante la vuelta a La Habana, Miguelito nos enseñó una de las canciones más bonitas del amplísimo repertorio cubano. Creo recordar que unos días antes se la habíamos oído tararear a Jesús Díaz, o quizás a Nancy Morejón, y le pedimos a Barnet que la cantara. «Pensamiento» es el título y la estrofa inicial así: «Pensamiento, dile a Fragancia que yo la quiero, / que no la puedo olvidar, / que yo la llevo en mi alma». No solo la aprendimos, sino que también fuimos capaces de cantarla a dúo en distintas ocasiones durante el premio y, más aún, ya en España. A menudo levantando aplausos, otras indiferencia. Pero sí tenemos el honor de haber hecho ladrar de manera insistente al hermoso perro Atila, ya en Madrid. Alfredo y yo estábamos convencidos de que le había gustado nuestra actuación y nos correspondía con sonoros ladridos que consideramos cerrados aplausos, pero no todos pensaron lo mismo que nosotros. Como agradecimiento a Atila, Alfredo le cantó su obra maestra individual, «El Caballero de Olmedo», al estilo Bola de Nieve.

Cuando tuvimos que partir de La Habana a Sancti Spiritus, ciudad del interior que nos habían preparado para la concentración y lectura de los originales que se habían presentado al premio, en el autocar que nos llevaba nos ocurrió lo mismo que en el anterior viaje a Matanzas, con una diferencia grande, que nos esperaban todas las fuerzas vivas de la comarca: alcaldes, subalcaldes, vicealcaldes, representantes del partido, con una cena preparada y, cómo no, nosotros allí. No recuerdo bien quién de los dos estaba empeñado en comer la sopa con un tenedor. Da igual. Esa noche no pudimos cantar «Pensamiento»; esa noche y tampoco cuando el comandante nos invitó a cenar con él en el Palacio de la Revolución. No nos lo permitieron y, como posible agradecimiento por ello, Fidel me regaló, ya vacía y como recuerdo, una muy bonita botella de ron. A Alfredo le regaló muchos parabienes, muchas alabanzas, muchas sonrisas y halagos, y a mí algunos reproches, además del recipiente. Era el día del famoso referéndum en España sobre la entrada en la OTAN. No le había gustado a Castro el resultado, a mí tampoco, pero como era el único gallego allí, como si fuera yo uno de los culpables. Salimos encantados con la cena. Alfredo porque el comandante le había significado y reconocido como a uno de los grandes, cosa que ya sabíamos, y yo por esa deferencia que tuvo de regalarme una de sus botellas. Pero toda la alegría pronto cambió. Quizás el único disgusto de las tres semanas que estuvimos en la isla. Nos fuimos como despedida todos los componentes de los jurados y sus organizadores, a la piscina del hotel. Mi botella quedó en los aledaños de la piscina y un poeta ecuatoriano, de cuyo nombre sí quiero acordarme, Euler Granda, personaje innoble como él solo, que marchaba al aeropuerto ya, se llevó la botella. Qué personaje más rastrero. La verdad es que nunca congeniamos con él por la pinta de baboso que tenía, pero hay que agradecerle que fuera motivo de numerosas risas y continuas befas. Hay que reconocerle al poeta Granda que sin su presencia de pasmarote y bastante grotesca, quizás Alfredo no se hubiera inspirado y su ingenio malévolo, de extraordinaria imaginación y del todo inigualable, fuera desconocido en La Habana. Magnífico Alfredo y lamentable Granda. No como con Juan Aburto, el autor del cuento que comenzaba «Qué insondable misterio el de la peluquería», o con el gran Zurita, que pronto se puso, como lo hiciste tú, de mi parte, cuando me querían presionar para que el premio de poesía se lo diera a una joven poeta revolucionaria de nombre Zoé Valdés, que nos pareció, cuando te leía los poemas, suficientemente revolucionaria pero insuficientemente poeta.

Qué pena que aquella temporada tan bonita acabara como recuerdo regular por culpa de un descuidero. Pero allí estaba Alfredo con su bonhomía, su sagacidad y sus maneras de virrey para, sin más, volver a entonar «Pensamiento». Sin duda lo mejor que ha quedado de aquella visita a La Habana, aquel recorrido por Cuba, fue un libro memorable, unas memorias divertidas y serias, ligeras y jugosas, unas páginas que describen una realidad con humor y con cariño. El Alfredo de siempre está reflejado en esas páginas extraordinarias. El cariño y el humor que no sabe esconder, ahí queda reflejado, con amor y desamor, pero con sabiduría literaria y una ironía a prueba de bombas. No hay duda de que *Permiso para vivir* es un libro magistral, pero solo un escritor como mi queridísimo Alfredo es capaz de escribirlo. ❖

Las propiedades curativas de las obras de Alfredo

David Wood

Una de las preguntas que muchas personas me han hecho al enterarse de mi dedicación e interés por la literatura de Alfredo es del tipo «¿Y cómo fue eso?». Y esto sobre todo en el Perú: ¿cómo fue que un joven inglés decidió dedicar buena parte de su vida profesional al estudio de los textos bryceanos? Una respuesta muy sencilla sería que se debe a la excelencia de esos textos, a la capacidad del autor de cautivar a su lector con ese estilo tan personal, de establecer una relación en la que pareciera que te habla solo a ti. O quizás se debe a esa manera excepcional de trascender el tiempo y el espacio con las cualidades de sus personajes y de sus historias: tristes, agridulces, pero siempre llenos de humor, amor y ternura.

Estas serían razones contantes y sonantes (y también muy ciertas, por si acaso), pero para mí también hay una dimensión sumamente personal que explica en parte mi gran apego a los cuentos y las novelas de Alfredo, todo debido a un cebiche mal preparado. Allá por los años ochenta, El Silencio gozaba de cierta fama como playa, pero desgraciadamente lo mismo no podía decirse respecto de sus instalaciones alimenticias (llamar *restaurantes* a tales sitios sería una injusticia y una libertad lingüística a la cual no se atrevería ni Alfredo). Sin embargo, frente a la combinación de mar, playa y sol veraniego, me dejé llevar por la tentación y comí un cebiche que seguramente se habría preparado con agua que no era precisamente de manantial y con ácido de batería. El resultado fue un caso agudo de disentería tipo amebiasis que me dejó dos semanas en la cama, sufriendo lo opuesto de lo que sufrió Martín Romaña con su embarazo fantasma. Para colmo, la medicina que me recetaron para eliminar los bichitos que estaban causando estragos en mis adentros produjo una fuerte reacción que convirtió mis extremidades en una serie de salchichas. Aparte de una dieta tan rápida como eficaz (a pesar de la monstruosa hinchazón que me provocó el antibiótico), lo único positivo que pude tomar de esas dos semanas fue que un amigo bibliotecario se apiadó de mí y me trajo una serie de libros para llenar las largas horas de cama. Entre las novelas que llegaron a mis manos, me encantó simple y llanamente *Un mundo para Julius*, que no se parecía a nada de lo que había leído hasta aquel entonces. Estaba enganchado. Pedí más libros de ese tal Alfredo Bryce Echenique y los otros también me encantaron, tanto que me fui recuperando rápidamente de la hinchazón y de la disentería.

Tanto fue el impacto medicinal e intelectual de esas lecturas que decidí cambiar mis planes para estudiar un doctorado, con una tesis sobre la narrativa de Alfredo. Así fue, y durante la preparación de la tesis doctoral tuve el enorme gusto de conocer a Alfredo, primero en Madrid, y luego en Lima, donde cada visita se caracteriza por la generosidad, un interés que se combina con un desinterés completo, y largas conversaciones sobre la literatura, la política, la vida. En fin, la amistad.

DAVID WOOD

Crítico y profesor inglés. Se doctoró por la Universidad de Exeter con una tesis sobre la narrativa de Alfredo Bryce. Actualmente es lector en Estudios Latinoamericanos y jefe del Departamento de Estudios Hispánicos en la Universidad de Sheffield, en Reino Unido.

Por otro lado, he tenido el tremendo placer y la inmensa satisfacción de traer a Alfredo a Inglaterra, en papel y en persona. Entre los varios textos que he publicado sobre la obra de Alfredo en Inglaterra, Europa y las Américas, quizás mi preferido es la edición crítica de *Huerto cerrado* que se publicó hace un par de años con Manchester University Press, con un largo ensayo introductorio para que los estudiantes británicos y estadounidenses tengan un punto de acceso a una de las obras más ricas de América Latina. Y, dados el interés y las reacciones de mis alumnos, las experiencias de Manolo, y la forma en que se representan, siguen teniendo una fuerte resonancia entre las generaciones contemporáneas. Lo mismo pudo comprobarse cuando tuve el gusto de poder invitar a Alfredo a un coloquio que organicé en Londres, donde una charla de nuestro autor llenó el auditorio hasta el punto de dejar a muchos de pie y en los pasillos, mientras los que tenían la suerte de estar sentados terminaron en el suelo en varias oportunidades con tanta risa.

Veinte años después de mi primer contacto con Alfredo a través de *Un mundo para Julius*, merecidamente la novela peruana más popular con el público lector, las cualidades de sus textos (y de él mismo) siguen tan vigentes como nunca, y cada vez que siento los primeros efectos de una infección o de algún virus, me acuesto con un título de Alfredo, confiándome una vez más en las propiedades curativas de sus maravillosas obras. ❖

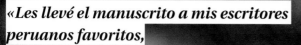

«*Les llevé el manuscrito a mis escritores peruanos favoritos,* a Mario y a Julio Ramón Ribeyro, a quien acababa de tener la suerte de conocer, y a ambos les gustó casi todo menos el título. [...] ¿Qué pretendía yo con semejante titulazo para unos cuentos que hablaban de traumas de la infancia y la adolescencia? ¿Mandarle un mensaje a la humanidad? [...] Julio Ramón Ribeyro solucionó el asunto, finalmente, diciéndome que el libro poco más o menos apestaba a atmósfera sin salida, a ambiente cargado, a... "a huerto cerrado. Eso, Alfredo, ponle *Huerto cerrado,* que viene del Cantar de los Cantares, *hortus clausus,* y suena más discretito que *El camino es así*"».

El honor de Bryce

Enrique Vila-Matas

Lo que escribo es en honor de Bryce, pero también es sobre el honor de Bryce, un escritor maltratado por algunos mequetrefes en su ciudad natal, maltratado en injusticia flagrante, porque sus relatos y memorables novelas están ahí y jamás merecieron caer en el pozo del resentimiento de los paisanos mezquinos. ¿Qué es el resentimiento? Dicho en pocas palabras, el resentido es aquel que no puede exteriorizar su fuerza y sí, en cambio, revertirla sobre él mismo; es alguien que jamás logra obtener placer del otro, porque ese otro solo le causa dolor y, por lo tanto, no tiene otra opción que satisfacerse a sí mismo. De modo que, cuando por fin se aventura a relacionarse con los otros, solamente lo hace para afirmar su eyaculación como autónoma y soberana. A esto se añade enseguida un problema: el alcance de esa eyaculación es parco y corto, lo que provoca una nueva ola de odio sobre la alteridad. Así las cosas, la ciudad de Bryce está llena de resentidos. Aunque también hay, por suerte, quienes aprecian la obra del gran escritor peruano que cumple ahora setenta años, esos setenta años por los que ahora quiero felicitarle. Hola, Alfredo. He querido hablar de tu honor y he querido hablar «en tu honor» y he terminado hablando del resentimiento de las almas mezquinas. Y ya no puedo ni quiero echarme atrás. El tiempo apremia. Termino con algo que oí una vez y que se ríe de todo, incluso de los honores. Termino con esta frase cazada al vuelo con la que vamos a reír

Con Enrique Vila-Matas, un 23 de abril, Día de Sant Jordi, patrón de Cataluña, y Día del Libro y de la Rosa.

Escritor español. En 1973 publicó *Mujer en el espejo contemplando paisaje,* novela breve escrita mientras hacía el servicio militar en el norte de África. Cuatro años después publicó *La asesina ilustrada.* Destacan entre sus novelas *Bartleby y compañía, El viaje vertical* (XII Premio Internacional de Novela Rómulo Gallegos), *El mal de montano* (Premio Nacional de la Crítica, XX Premio Herralde de Novela), *París no se acaba nunca, Doctor Pasavento* (Premio de la Real Academia Española) y *Dietario voluble.*

los dos juntos: «A fuerza de aceptar los honores, uno termina por creer que los merece». Salud, Bryce. No nos merecemos nada, salvo ser amados, ser amigos. ❖

La esposa del Rey de las Curvas*

Federico Camino

La razón de mi presencia aquí para hablar sobre el último libro de Alfredo Bryce es la amistad, una amistad que tiene la duración de nuestras vidas ya que comenzó con ellas. Yo no recuerdo haberme hecho amigo de Alfredo Bryce. Siempre lo fui, hoy como en el Malecón Figueredo en La Punta de los primeros años de la década del cuarenta o en el París de mayo del sesenta y ocho.

No soy crítico literario ni escritor, sino un lector de Alfredo Bryce desde antes, inclusive, de que escribiera o publicara. Luego, en su literatura, he reconocido esa voz y esa vida.

Son diez los cuentos que nos ofrece Bryce ahora, en *La esposa del Rey de las Curvas*, diez relatos unidos por personajes que, de diversas maneras, están atrapados por innumerables manías, compulsiones, obsesiones y que se resignan a quedar aislados en rituales de desamparo o se rebelan triste e inútilmente contra la soledad que los inunda en proporción directa a la manera como van amoblando sus vidas con recurrentes recuerdos. Unos y otros se aferran a lo poco que les queda para terminar inexorablemente escondiéndose en los escombros de sus vidas. De allí surgen los relatos de Alfredo Bryce.

Una palabra mal entendida, una expresión confusa, una circunstancia banal o un encuentro fortuito desencadenan un proceso de descomposición y deterioro de consecuencias fatales, o fecales, como es el caso del perfeccionista Joaquín Sumalavia, al cual la reiterada mala pronunciación de la palabra *Boloña* precipita una apocalíptica diarrea que le arruina un viaje de amor y placer en la desde entonces detestable ciudad de Bolon-i-a. Del mismo modo, un malentendido verbal dejará para siempre sola y soltera a la tía Herminia del primo Rodolfo. Este perderá una herencia importante por no haber podido controlar la devastadora manía de talquearse de pies a cabeza durante horas cada mañana y pasarse el resto del día limpiando, ordenando, acomodando en batalloncitos a los ciento cincuenta y ocho elefantitos de carey de la India. A veces, incluso, una expresión sirve para condensar una vida, como en el relato «¡Y se me larga usted en el acto!», expresión cuyo obsesivo recuerdo lanza al protagonista en un abismo de insomnio y alcohol.

En todo momento, la mirada de Bryce es solidaria y compasiva para sus indefensas criaturas y las circunstancias por las que pasan. Incluso la insufrible Raquel Quiñones resulta una funcionaria lingüista que inspira piedad por la forma en que sus inseguridades y su compulsión destructiva y fiscalizadora la tienen prisionera. O el sufrido ex marido recurre a una minuciosa memoria para dar cuenta del olvido total de esa aventura matrimonial, un olvido tan tenaz como memorioso o cronológico.

Como en toda la obra de Alfredo Bryce, el humor es una presencia constante, tal vez destinada a hacer menos terrible lo terrible, o más soportable lo insoportable de la vida, a pesar de esos charcos de felicidad que hacen de ella la extraña experiencia que es.

FEDERICO CAMINO

Filósofo peruano. Es profesor de la Pontificia Universidad Católica del Perú. Se ha dedicado especialmente al estudio del pensamiento de Martin Heidegger, de quien fue alumno y cuyos textos ha traducido al español.

* Texto leído en la presentación de *La esposa del Rey de las Curvas*, el 15 de abril de 2009, en el Centro Cultural de la Pontificia Universidad Católica del Perú.

El humor de Bryce no es negro, ni burlón o ácido o cínico. Es un humor triste y como resignado, una especie de constatación de que la vida es así y también así. Bryce no es un humorista y sí más bien un escritor sombrío en su festiva locuacidad. Sus personajes surgen de su propia carne y de su propia historia; son aspectos de lo que íntimamente es él mismo. La inseguridad y la timidez de los protagonistas de muchos de sus cuentos y novelas son las suyas.

Una anécdota servirá como ilustración de lo que afirmo. Se remonta a nuestros años parisinos. Mi madre me había regalado un auto. El día en que fui a recogerlo a la tienda, decidimos Cecilia y yo, estrenarlo con un paseo a Versailles. Les pasé la voz a Alfredo y a Maggie. Salimos temprano y, durante el trayecto de ida, Alfredo estuvo animado, contando inverosímiles historias y haciendo hilarantes comentarios. Durante la visita al palacio y sus jardines, Alfredo no dejaba de hacernos reír. Eso continuó en el viaje de regreso. De pronto, noté que el entusiasmo de Alfredo iba decayendo y sus ocurrencias eran cada vez más espaciadas, hasta que finalmente dejó de hablar. Por el espejo retrovisor podía verlo mirando el paisaje. Los últimos kilómetros hasta llegar a París transcurrieron en un silencio que ningún esporádico comentario lograba romper. Alfredo seguía absorto y apagado. Cuando llegamos a su departamento, nos despedimos en la calle. Lo vi caminar muy despacio unos cuantos pasos, titubear, voltear y luego regresar. Se acercó a la ventanilla del auto y me dijo: «Fico, disculpa, te he jodido el cenicero: lo he roto». No había jodido nada pues el cenicero se sacaba para limpiarlo.

Otro recurso de la literatura de Bryce es la exageración, la hipérbole destinada a devolver a las cosas su auténtica dimensión vivida. ¿Cuál es verdaderamente el tamaño de las cosas que nos suceden? ¿Cómo medirlo?

El recuerdo —y la literatura es, de alguna manera, esencial recuerdo de lo vivido e imaginado— nos restituye adulterado lo que la memoria preserva. Dice Borges que la memoria es porosa. Lo vivido es, entonces, recuerdo de lo vivido y no puede escapar a las deformaciones del tiempo, así como no es posible escapar a las deformaciones del espacio. Estas deformaciones de lo original vivido vienen dadas por la intensidad con la que algo se vivió, marcando así al recuerdo de tal manera que es esa intensidad la que le dará a lo recuperado en la memoria su verdadera magnitud, que puede no ser la de lo que realmente sucedió, sino mayor o menor, aunque jamás podremos saber las dimensiones del espacio que eso ocupó en el momento en que se vivió. ¿Cómo saber lo que realmente sucedió? Siempre involucramos esos hechos en el tramado total de nuestra vida, es decir, en esa memoria que se identifica con lo que somos. Organizamos y administramos nuestros recuerdos. Al final, del hecho que originó el recuerdo muchas veces no queda nada. Toda memoria es afectiva. Es decir, la exageración, magnificando o minimizando, restituye la radical verdad de lo sucedido o imaginado, y compensa, de alguna forma, la aparente pobreza de lo inmediato. Nos distancia para acercarnos a la emoción de lo que se recuerda y se quiere expresar. Podría hablarse de la verdad de las exageraciones. Solo los crédulos pueden descreer de lo excesivo; no comprenden los alcances de lo literario y se afincan en la banalidad frecuente de lo real para medir los alcances de lo expresado literariamente, sin darse cuenta de que vivir es ya una exageración. ¿Qué mayor exageración que la existencia del mundo, de nosotros, de esto y no, más bien, de nada?

Los relatos de Bryce poseen su propia verdad, que no es otra que las emociones que nos despiertan en consonancia con las emociones que motivan sus relatos.

Ejemplo de ese aspecto esencial de su literatura es el último cuento, que le da el título al libro. Es la crónica del nacimiento de una vocación literaria y de las circunstancias en las que se dio. La imaginación y el recuerdo transmutado permiten suplir carencias, llenar vacíos, compensar desequilibrios y establecer felicidades. Otorga, además, un sentido a lo que se vivió o se quiso vivir. Ahora, Alfredo Bryce sabe por qué Pepo quería que se creyera que era el hijo del Rey de las Curvas. Pepo recurre a una mentira para devolverle a su padre, ante sí mismo y los demás, la verdadera estatura e importancia que tiene a sus ojos de niño. Deslumbrado por las hazañas de Arnaldo Alvarado, lo convertirá en su padre, y a este en una especie en Arnaldo Alvarado. No hay que entrar en muchas psicologías para darse cuenta del mecanismo de esta ficción infantil.

No es extraño que Alfredo Bryce recién ahora nos hable de una de sus primeras incursiones en el compensatorio mundo de la imaginación, que cuando se convierte en literatura es más real que la realidad misma, como decía Borges.

De niño, Alfredo Bryce no era ni más ni menos mentiroso que cualquiera, pero a diferencia de nuestras domésticas y mediocres mentiras destinadas a sacarnos de situaciones comprometedoras, las de Alfredo Bryce ya eran poéticas y destinadas a meterlo en esas situaciones. Bryce tuvo la osadía, la tenacidad y la coherencia de persistir en la verdad de sus fabulaciones, para combatir así la despiadada inmensidad del olvido y para devolvernos algo de lo que la vida poco a poco nos va quitando.

En este libro encontramos relatos memorables de ese progresivo despojo y de sus inolvidables personajes.

Quiero detenerme en uno de ellos, por haber sido yo un testigo de excepción de lo que Bryce cuenta. Feliciano Iriarte, es un profesor de Educación Física, «militar de muy baja graduación sin tendencia al alza», esforzado estudiante de medicina y, por brevísimo tiempo, meritorio récord sudamericano de lanzamiento de jabalina. Feliciano Iriarte entró a enseñar al Colegio Saint Augustus en la ficción, como quien entra «a una pantalla gigante en technicolor y cinemascope» y tuvo su cuarto de hora de gloria por su récord, que fue por desgracia literalmente pulverizado meses después de la proeza de Iriarte por un tal Zaldívar, atleta colombiano, volviendo nuestro profesor a su anodina y mediocre vida. En realidad, Feliciano Iriarte, sigamos llamándolo así, era mucho más patético y sórdido que el Iriarte de Bryce. A ese personaje le debo un temprano descubrimiento que fue de gran utilidad en ese entonces y después.

Una tarde estábamos los de la clase de sexto de primaria haciendo ejercicios físicos bajo la marcial batuta del profesor Iriarte. Inexplicablemente estaba con nosotros el rico y poderoso Marianito Prado, que no era de sexto sino de un año superior. Seguíamos sin entusiasmo las indicaciones de Iriarte, cuando súbitamente este se interrumpe y le hace una observación a Marianito por su actitud poco atlética. Este mira a Iriarte y, con gran desprecio y desde una altura sideral, le dice pausadamente «váyase a la mierda». Ese perentorio mandato fue seguido por un silencio profundo, mientras veíamos a Iriarte ponerse cada vez más pálido. Y al cabo de interminables minutos de absoluta palidez, retomó Feliciano Iriarte la secuencia de ejercicios.

No habrían pasado ni cinco minutos cuando Iriarte interrumpe bruscamente sus indicaciones y, mirándome rojo de furia, me grita que debía darle más impulso a mis saltos. Sin dejar de darlos y jadeante, le digo enfático «váyase a la mierda». «A la mierda se va usted», me contesta, «pero antes pase por la oficina del director».

Esa sudorosa tarde comprendí que los seres no son de igual valor y descubrí íntegra la lucha de clases.

Muy logrados son los relatos sobre el desengaño, la traición y el olvido. En ellos se pone en evidencia la capacidad de crear atmósferas, describir situaciones y dibujar personajes que tiene Alfredo Bryce. Desgarradora es, en este sentido, la historia de amor de Sandro Bernasconi, el Peruvian Apollo, por Carla Parodi. Es la historia del derrumbamiento de él, a la muerte de ella, de la lenta descomposición física y espiritual de quien todavía hoy sigue muriendo de Carla Parodi. La soñada belleza de Carla mantendrá vivo al Peruvian Apollo para que pueda así, paulatinamente, morir mejor.

La figura de Carla Parodi es de las más entrañables del libro. Desde uno de los bolsillos de Carla, adonde había ido a parar la vez que relata la historia, pues la simpatía de Carla se mete a todos en el bolsillo; desde allí observa el ataque de depresión que en medio de una fiesta sufre repentinamente Carla. La ve irse sin abandonar el lugar, al quedar en un catatónico estado depresivo. Algo semejante le sucede a José Manuel Dellepiani, el tristísimo enamorado de la chica Pazos, que sufre de un violento ataque de suspiros que lo llevará finalmente a la clínica Americana. ¿Quién puede creer que alguien sufra un repentino ataque depresivo y menos aún de suspiros? Nadie y, sin embargo, Bryce, de la mano de esas exageraciones nos lleva a su verdad, a la verdadera magnitud de lo evocado, al dolor de Carla Parodi y al de José Manuel Dellepiani.

Alfredo Bryce no es de técnicas literarias, pero el cuento «La chica Pazos» muestra un acertado manejo en la construcción de un relato a partir de las diversas perspectivas que lo integran. Es una especie de cuento coral, en el que las voces de los diversos personajes van interviniendo para armar esa historia de amor y desamor, de locura y de muerte.

Otro recurso de Alfredo Bryce es la repetición de adjetivos, de expresiones que adquieren en cada nuevo contexto una densidad expresiva contenida ya en su primera aparición, pero que van sumando nuevas configuraciones textuales y semánticas. «La nariz como boxeadita y hasta noqueadita diría yo» de Raquel Quiñones en el cuento que abre el libro, es un caso. La expresión «eso sí», que encontramos con gran frecuencia, es una partícula de apoyo y énfasis en el estilo coloquial de Bryce, en su manejo de la oralidad. Decir que Alfredo Bryce es un escritor oral ya se ha convertido en un lugar común que no deja de ser verdad, aunque Bryce sea también más que eso. Aprovecho esta oportunidad para decir algo que siempre he creído y que este libro reafirma: la literatura de Alfredo Bryce no es fácil. Sin duda, aparentemente lo es y eso constituye un obstáculo para trascender lo personalísimo de su estilo, lo ingenioso de sus historias y llegar a las verdaderas intenciones de su literatura, a su profundidad en el retrato de personajes y situaciones, a su pesimismo y a su tristeza, todo disimulado por el humor y una aparente superficialidad y hasta casi frivolidad. Es fácil perderse en las anécdotas o quedarse en ellas, en su literalidad, sin comprender lo que realmente significan o sugieren.

En las manías de muchos de sus personajes, y de los personajes de este libro, podemos vislumbrar el desamparo, la soledad, el absoluto desconcierto de seres movidos por fuerzas que nacen de ellos mismos pero que no pueden controlar y que los llevan a su destrucción. Eso explica quizá por qué muchos de los personajes de Bryce son patéticos o desdichados, pero jamás, ridículos o risibles, aunque muchas de sus circunstancias parezcan serlo.

No quiero terminar estas palabras de saludo, que no le hacen plena justicia a este magnífico libro, sin detenerme un momento en el cuento «El limpia y La Locomotora». Es la historia del peruano Eleodoro Holguín, que viaja a Europa para perfeccionar los idiomas que estudia y porque «viajar a Europa es un paso fundamental en la vida de un hombre», como oye casualmente decir en un ómnibus, frase que es de esas que no dicen nada pero que deciden destinos, como en la novela de Flaubert *Bouvard y Pécuchet*. Esas banalidades cargadas del peso de su vacuidad, de su recurrencia aceptada gratuitamente, de su profusa estupidez disfrazada de profundidad, pueden tener una fuerza devastadora.

Eleodoro Holguín vive obsesionado por la limpieza de sus zapatos. Todo un tema en la historia de la literatura, desde Restif de la Bretonne y sin duda antes, hasta Cortázar y sin duda después. De Julio Cortázar justamente es un admirable cuento breve y casi desconocido que ha sido recientemente publicado en sus *Papeles inesperados*: «*So shine, shine, shoe-shine boy*». El cine también ha registrado ese fetichismo en películas de Erich von Stroheim, Buñuel y otros.

Holguín llega a viajar por Europa en la búsqueda de la lustrada perfecta en países climáticamente menos agresivos con sus zapatos. Llega finalmente a Barcelona. Allí, en un café llamado La Locomotora, conoce a un limpia —como se les dice a los lustrabotas en España— ambulante, desteñidamente uruguayo o argentino por su sin duda larguísima y penosa estadía en España. Y se establece pronto una especie de hosca hermandad entre ese residual argentino y el peruano ya a punto de ser residual también. Aunque la destreza de ese lustrabotas es más bien limitada y su instrumental, deplorable, Holguín termina haciéndose lustrar los zapatos cuatro veces al día, dos con el limpia de La Locomotora, que después de cada lustrada los dejaba impecablemente sucios, y dos en la calle Caspe, pues tenía que rápidamente mañana y tarde devolverles a sus zapatos el esplendor perdido en manos de ese remotamente argentino, que resulta ser una especie de Bartleby latino, el escribiente nihilista de Herman Melville.

Quiero terminar leyéndoles el final de ese cuento en el que uno no sabe por quién sentir más piedad, si por el peruano o por el Bartleby limpiabotas: «Y el único cambio que hubo con el paso del tiempo fue que La Locomotora cerró para siempre y que ese pobre tipo le arruinaba ahora los zapatos en la terraza de un café llamado Ordesa, también en Gran Vía, pero en la acera de enfrente, y que luego cruzaba penosamente las tres pistas y veredas de esta ancha avenida, con una impresionante pinta de buey, para irse a esperar horas ante el abandonado local de La Locomotora».

Hay que agradecerle a Alfredo Bryce este hermoso libro de cuentos. Sus personajes e historias nos continúan habitando después de haberlo cerrado. Eso solo sucede en la gran literatura. ❖

Federico Jeanmaire

La cara de Alfredo

L

a cara. No podía creer que alguien escribiera tan bien y, cada dos o tres páginas, volvía incrédulo hasta la parte superior de la solapa para mirar con atención su foto. Hablo de Madrid y de fines de abril o de mayo de 1979. Por ese entonces, yo acababa de llegar a España, tenía poco más de veinte años y, lo único que quería, era ser escritor. Bueno, para ser del todo sincero, también quería que desaparecieran los asquerosos militares que gobernaban mi país. Pero eso, ahora, no tiene ninguna importancia, ya desaparecieron. Y a Martín Romaña me lo había llevado de esa librería por purísima casualidad. Sin que nadie me lo recomendara o siquiera me lo ofreciera, quiero decir. Lo juro. Por eso no podía dejar de mirar la cara de Alfredo, cada dos o tres páginas. No lo podía creer. ¿Cómo era posible que ese tipo de anteojos escribiera tan, pero tan bien? Si hubiese sido lo suficientemente inteligente, tendría que haberme olvidado para siempre de mis precarios sueños de convertirme en escritor. Pero no lo era, claro. Y entonces perseveré. Tanto perseveré que, con el paso de los años, tuve la suerte de llegar a conocer, cara a cara, esa cara. Y hasta hacerme bien amigo de su dueño. Cosas que pasan en la vida, yo no sé. Se me ocurre que la inteligencia está sobrevalorada. Que vale bastante más la perseverancia. Y los buenos libros. Y la amistad. ❖

FEDERICO JEANMAIRE

Narrador argentino. Ha
publicado numerosas
novelas, entre las que
destacan *Mitre, Vida
interior* y *Más liviano que
el aire*. También ha escrito
el ensayo *Una lectura del
Quijote*.

«*Para mí una novela no es más que un cuento
que me gusta tanto que lo voy alargando hasta
convertirlo a veces en un mamotreto.* Todo depende
del placer que su escritura me da, y también, por qué
no confesarlo, de ese hecho que hace que sea tanto
más fácil escribir una novela que un buen cuento.
Considero que el cuento es un desafío mucho mayor
para un narrador. Además, siendo mi literatura
bastante oral, una narración que yo cuento a un
presunto lector, mantengo para mí el derecho de
alargarla como se alarga a veces una conversación
que es buena y agradable».

(Rubén Bareiro Saguier «Entrevista con Alfredo Bryce Echenique», en
Alfredo Bryce Echenique ante la crítica, p. 32)

Alfredo Bryce, tal como yo lo conozco*

Fernando Ampuero

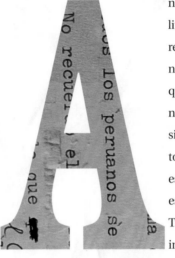

Antes que el consabido atisbo a una obra literaria, este texto apunta a esbozar un retrato del autor —un retrato personal, naturalista—, por lo cual quiero advertirles que lo mucho que yo pueda decir esta noche sobre Alfredo Bryce Echenique siempre será poco, porque Bryce, en todo sentido, como individuo y como escritor, es el exceso personificado, y eso es inabarcable. Así que, dado que hoy en Trujillo, en esta III Feria del Libro, él es el invitado de honor —¡y con qué inmenso honor se le agasaja!, ¡nada menos que presentándose en este fabuloso escenario que es la Huaca de la Luna!—, me tomaré la licencia de parafrasear a Ciro Alegría, gran escritor que vivió en esta tierra, a propósito de lo inabarcable de la obra de Bryce, para dejar sentado que el mundo de Bryce no es ancho y ajeno, sino más bien ancho y ameno, y que sin lugar a dudas él es el autor peruano que mejor nos enseña que nada hay más profundo que la piel. Allí, en la piel, en la epidermis, como bien lo entreviera el poeta Paul Éluard, converge toda polaridad y toda sustancia, el meollo y la superficie, el mapa de nuestros nervios y el de nuestra historia.

Una historia contada por Bryce, digamos, nace de una experiencia, ya sea vivida por él o vivida por otros, o bien de un sueño, o quizá de una conversación. No existe amigo de Bryce que no haya escuchado en las tertulias alguna de sus innumerables historias, y con ello me refiero a esas historias que él relata a menudo en versiones diferentes, cada vez más exageradas, o cada vez más delirantes. Todas estas historias, a juzgar por la emoción, la naturalidad y la fluidez narrativa, las sentimos verdaderas. Son increíblemente verdaderas, incluso en cada una de las versiones, entre las cuales (con suerte) una de ellas se convertirá en historia escrita, mientras las otras seguirán en el aire de las futuras tertulias o en la memoria de sus oyentes, sin perder un ápice de verdad. Sin embargo, algo cambia en la historia al volcarse a la escritura. Como en un mágico proceso, esta encarna en otro tipo de verdad, una verdad más verdadera si se quiere, la verdad poética, la verdad más honda y emotiva, y, sobre todo, la verdad que, mediante los excesos, en verdad gracias a ellos, sabe encontrar su punto de armonía o su correcta proporción en la exageración (es decir, en el desequilibrio que supone toda exageración), en el diáfano lenguaje encantatorio de Bryce, en ese tránsito desde la oralidad a la escritura, y que hace que todo libro suyo sea una charla amena y sabrosa, que ora se vuelve tristísima, ora se vuelve humorística y desternillante, y que en todo momento, durante la lectura, nos hace sentir que Bryce está con nosotros muy tarde en la noche, tardísimo en realidad, su hora predilecta, ya sea en un bar o en la casa de un amigo, mientras nos habla y sonríe, mientras nos habla y sostiene una copa de vino en la mano, no sin cierta melancolía.

A ojo de buen cubero, para decirlo con su clásico dicho, la obra de Alfredo da cuenta del pasado, de su infancia y su adolescencia en la Lima de los años cincuenta, una Lima que ya no existe más, pero que todos los limeños de hoy llevan aún en su corazón, para quererla y para odiarla gracias a Alfredo Bryce; y da cuenta también de las vicisitudes del propio Alfredo en su exilio voluntario, en sus peregrinajes de viajero eterno en los que narra las aventuras

FERNANDO AMPUERO

Escritor y periodista peruano. Ha publicado los libros de relatos *Paren el mundo que aquí me bajo, Deliremos juntos, Malos modales, Bicho raro, Cuentos escogidos* y *Mujeres difíciles, hombres benditos;* las novelas *Miraflores Melody, Caramelo verde, El enano, historia de una enemistad, Puta linda* y *Hasta que me orinen los perros;* y el libro de crónicas *Gato encerrado.*

* Aparecido en *Quehacer*, revista de Desco, n.º 164, enero-febrero, 2007.

y desventuras de sus *alter ego*, esos jóvenes artistas y escritores de América Latina que gozan y padecen y deambulan en el ambiente cosmopolita europeo.

Bryce, en el segundo tomo de sus memorias, *Permiso para sentir*, ha recordado que, cuando joven, en vísperas de su primer viaje a Europa, sus amigos decían que «él había viajado a París a estudiar para bohemio», y lo cierto es que ahora, al cabo de treinta y cinco años ausente del Perú, y curtido ya en interminables insomnios y noches de copas, así como en larguísimas tardes de escritura (porque Bryce, por si no lo saben, solo escribe en las tardes), ahora, decía, treinta y cinco años después, ha regresado a Lima para doctorarse en desarraigos, para pasársela en un constante ir y venir, en una endemoniada crisis de desarraigo múltiple que lo tiene seis meses en el Perú y otros seis meses en Europa, en cualquiera de las ciudades que le abrieron sus puertas y lo cobijaron y lo nombraron uno de los suyos.

Ciertamente una visión apresurada y simplista, si es que uno se atiene a sus obras más representativas, desde su extraordinaria novela *Un mundo para Julius* hasta la no menos extraordinaria *No me esperen en abril*, podría reducir la obra de Bryce al profuso retrato de un único personaje en diferentes etapas de su vida. Allí están, en efecto, Julius, un señorito en su tierna y sorprendida infancia, o Manongo Sterne, ese mismo señorito en su adolescencia, o Carlitos Larrea, aquel otro señorito que se enamora de su Demi Moore, una guapa dama mayor, o Martín Romaña, el señorito en cuestión retratado en el extranjero, desde su soledad, mitomanía y neurosis, desde sus esfuerzos y fatigas por convertirse en un escritor, desde su denodada lucha por defender su tiempo y su vocación, desde su guerra privada contra el desaliento. Aunque aquí, de hecho, hay algo más que un personaje o un punto de vista. Hay, creo yo, una voluntad de mirar, de repensar y repensarse exhaustivamente, de descubrir y de desnudar.

En Máncora, en Piura, al norte del Perú. De pie: los escritores Fernando Ampuero y Guillermo Niño de Guzmán. Sentados: Alfredo Bryce y su hermana Clementina.

Pero esta voluntad de mirar, por cierto, ajusta sus piezas con un componente fundamental: la ironía, el sentido del humor, rasgo notable que define de forma integral la obra y la personalidad de Alfredo Bryce.

La ironía bryceana es una corriente sanguínea, un cálido río interior que circula en su manera de percibir el mundo, y que, en ocasiones, se desborda e inunda todo el cuerpo del relato, cosa que ocurre incluso en los pasajes más dramáticos de sus cuentos y novelas, quizá para atenuarlos, para hacerlos digeribles. De hecho, es con este componente, la ironía, que Bryce se nos hace visible, y es también con ello que nos enseña a ver.

A diferencia de un autor como Charles Bukowski, que está en las antípodas de Bryce, pero que curiosamente comparte a veces con él mucho de su filo narrativo y su desenfreno —no hay que olvidar que Bukowski se autoproclamaba un payaso en la oscuridad—, Bryce es un *showman* de sus tristezas, un divertido arqueólogo de la nostalgia, un minucioso notario de todo lo que ama, odia o desprecia, de todo lo que niega o afirma.

No quiero extenderme en más detalles e impresiones sobre su obra, o sobre las interconexiones entre su obra y su persona, ni sobre la indiscutible calidad de sus cuentos y novelas, ni sobre su insoslayable tendencia a contarnos las peripecias de sus romances apasionados (amoríos que quedan en el camino, o que lo dejan al pobre Bryce sembrado en el camino), ni tampoco sobre sus evocaciones críticas y al mismo tiempo empáticas del mundo de una aristocracia limeña en vías de extinción.

Mi propósito es hacer un retrato a vuela pluma, un dibujo con la menor cantidad de trazos que me sea posible, pero que muestre al Alfredo Bryce que yo conozco. Sus lectores, y el público en general, tienen una idea muy formada sobre Alfredo. Sus amigos, en cambio, perciben a Alfredo como muchos Alfredos diferentes; cada cual lo ve a su manera.

El Alfredo Bryce que yo conozco, por ejemplo, es un hombre muy ordenado. Para ser un bohemio puntual, y tener tanta fama de ser un amante de la *dolce vita*, esto llama mucho la atención. Y es que Bryce es obsesivo

en el orden, tanto en las horas que dedica a escribir, o a organizar su año de
conferencista, como en una serie de detalles de su vida cotidiana. Doy fe
de esto, pues yo he conocido el *walk-in closet* de su casa de Monterrico, en
Lima. Un cuarto amplio, con cajonería y estantería que muestra sus camisas
perfectamente apiladas, cerros impecables de camisas, colgadores de corbatas
y sacos como en una *boutique* de lujo, espacios estelares para los calcetines,
las correas y los zapatos. A mi entender, en el clóset de su casa, fuera de intuir
su buen gusto, uno siente que la segunda profesión de Alfredo podría haber
sido la de decorador de vitrinas.

El Alfredo Bryce que yo conozco es un lector voraz, que relee con
asiduidad a los clásicos y que está al tanto de las novedades (especialmente
las de los amigos, eso sí), pero que además le interesan todos los géneros. No
solo lee literatura, sino también sociología, historia, filosofía, etcétera.

El Alfredo Bryce que yo conozco posee un detector de tristezas que,
por un lado, le permite reconocerla en sus congéneres, y por otro, le sirve
para determinar la calidad de la tristeza. A Alfredo no le gustan las tristezas
de mala ley, le gustan las señoras tristezas, con todo su peso, penurias y
lágrimas. No hay que olvidar que Bryce domina al dedillo el arte de dar pena,
y que para eso se requieren tristezas de veras, que sean tan tristes que nos
hagan pensar y que incluso nos den risa de tan tristes que son.

El Alfredo Bryce que yo conozco es un individuo cortés, cordial y muy
educado, un limeño de otra época, todo un caballero que sabe comportarse
bien en cualquier sitio y cuando le da la gana, y que también sabe
comportarse pésimo cuando le da la real gana, que es una gana muy distinta
a la primera, digamos un modo de portarse mal con mucho estilo.

El Alfredo Bryce que yo conozco es contradictoriamente una persona apacible y exaltada, y hasta ahora es todo un misterio para la ciencia cómo es que se las arregla para llevar en su fuero interno la misa en paz.

El Alfredo Bryce que yo conozco es un hipocondriaco de nota, el típico individuo que está temiendo sentirse mal porque en realidad le resulta sospechoso sentirse tan saludable, y en ello, sí, ambos pertenecemos a la secta de Woody Allen: huimos de la peste como los vampiros de la luz diurna. Yo me siento muy identificado con Alfredo. A la hora de salir de viaje, tanto él como yo, al alistar nuestras maletas, les damos un espacio privilegiado a los botiquines; invariablemente nuestros botiquines están repletos de píldoras y remedios para todas las emergencias.

El Alfredo Bryce que yo conozco, ni qué decir, es un gran conversador, la leyenda viva del buen contertulio y además un profesional de la simpatía (si mañana se hicieran certámenes masculinos de simpatía, si se tuviera que elegir a un Míster Simpatía, ganaría él, sin lugar a dudas).

El Alfredo Bryce que yo conozco es un señor elegantísimo, un hombre que viste muy bien (recuerden su surtido *walk-in closet*). Sin embargo, yo diría que no hay frivolidad en su elegancia, ya que esta se expresa como una diáfana manifestación de su espíritu y, bueno, el suyo es un espíritu que naturalmente prefiere el paño fino para los sacos y la lana de cachemira para los suéteres, porque así lo aprendió de su padre y de sus mayores. Y no hablemos de sus chalecos de fantasía, que ese es un vicio aparte y costosísimo en el que Alfredo se disputaba el estrellato con otro Alfredo, el difunto pintor Alfredo Ruiz Rosas.

El Alfredo Bryce que yo conozco siempre ha querido tener un perro, siempre ha soñado con eso, un perro lanudo con cara de tonto y mirada inteligente que lo acompañe mientras él lee sentado en un sillón, un perro que esté por ahí, quieto, echado a sus pies, y desde luego no en condición de florero, sino como afable compañía, como silencio lleno de pelos y de afectos y de mucha dedicación, pero lo cierto es que este deseo se mantiene insatisfecho: Bryce no tiene perro.

Yo le he preguntado varias veces a Alfredo por qué nunca se decidió a tener un perro. «No lo he hecho», me contestó, «por mil razones, pero las principales son los viajes, la soledad o los departamentos pequeños». Incluso ahora, en estos tiempos, cuando Bryce ha contraído matrimonio, casándose con una bella dama (aquí presente) que aporta una linda casa con un gran jardín, no hay perro. Y es que la mujer de Alfredo tiene gatos, y eso de tener un perro que te hace huecos en el jardín no la convence mucho. Así que, finalmente, Alfredo Bryce está sin perro. No tiene un perro que le ladre. Y es por eso que se me estruja el corazón cuando releo su libro para niños, titulado *Goig*, que es nada menos que la azarosa historia de un perro, un simpático y fiel bóxer color canela, un perro literario, el único perro que le hace gracias.

Podría enumerar más aspectos de su personalidad. Pero me detengo aquí para que esto no acabe en panegírico. Lo que he dicho es la pura verdad. Y aquí está Alfredo Bryce para probarlo. Aquí les dejo, señoras y señores, a Alfredo, el gran Alfredo. ❖

Los caminos de Manolo

Por alguna razón (o varias), que no me propongo desarrollar acá pues la verdad es que no la(s) sé, algunos personajes literarios adquieren, como se dice, «vida propia», y existen incluso más allá de sus autores y de la obra en la que habitan. Ya ni hace falta leerlos; su vida parece transcurrir fuera de los libros. Es el caso, solo por citar a algunos, de Don Quijote y Sancho; de Don Juan, de Frankenstein, de Sherlock Holmes; de Romeo, de Julieta, de Otelo; de Emma Bovary, de Ana Karenina; y la lista puede seguir. Algo ocurre: misteriosamente, estos personajes se convierten en personas de las que hablamos como si las conociéramos; y las conocemos quizás tanto más y mejor que a nuestros familiares y amigos cercanos. Pareciera que habitaran en este mundo, que podemos encontrarlos en algún lugar. Entre nosotros, yo diría que Santiago Zavala, Zavalita, de Mario Vargas Llosa, es uno de ellos. Siempre está ahí para recordarnos la vieja y nunca respondida pregunta. También lo es Julius, aquel niño al que Alfredo Bryce Echenique le dio vida. El tiempo no pasa para él; Julius es y será siempre ese niño cuyo autor dejó en las puertas de la adolescencia.

Julius es uno de esos personajes que invitan a los lectores —sobre todo a quienes pasamos los cincuenta años y lo leímos cuando éramos algo mayores que el niño Julius— a preguntarse: ¿qué estaría haciendo Julius en el siglo XXI que nos ha tocado vivir?, ¿cómo hubiera sido Julius a los cuarenta, a los cincuenta años? Puestos a pensar en nuestras propias experiencias, solemos preguntarnos si Julius se habría ido del Perú en las peores crisis; si se hubiera convertido en otro Juan Lucas. Si hubiera encontrado a otra Susan linda para casarse, convertirse en abogado exitoso, ir a los toros y tener hijos entre los cuales nacería otro triste y solitario Julius. No lo podemos saber. Alfredo Bryce nos dejó un Julius tan puro, tan sensible, tan compasivo, culposo y ajeno al mal, que resulta imposible imaginarle un futuro en el contexto de la realidad que se vivió y se vive desde los años setenta para adelante. Y quizás sea esa la razón por la que sobrevive con nombre propio y nos resulta tan entrañable, para usar una palabra tan cara a Alfredo Bryce.

Pero Julius no es el único personaje memorable creado por Bryce en su carrera literaria. De la larga lista que empieza con Manolo, seguido por Pedro Balbuena, Martín Romaña, Felipe Carrillo, entre otros, y destacando a Julius como el más emblemático, quiero recordar a Manolo, el desclasado y solitario Manolo de los cuentos de *Huerto cerrado*, de 1968. No solo porque en el parnaso literario fue postergado por Julius, quien se ganó, merecidamente, los laureles de la fama (que también, ciertamente, se los merece Manolo), sino porque tengo para mí que en los cuentos de *Huerto cerrado* están trazadas las pistas que nos permiten componer el destino de Manolo, un destino que en cierta medida anticipa y resume el de todos los personajes de Bryce.

Huerto cerrado es, a mi juicio, mucho más que un conjunto de cuentos; es un relato compuesto a la manera de una novela que, de manera fragmentada y elíptica, y rompiendo la linealidad narrativa, da cuenta de los avatares de la iniciación de Manolo, de su arduo y difícil tránsito de la adolescencia a

GIOVANNA POLLAROLO

Poeta, guionista, narradora y columnista peruana. Ha publicado los libros de poemas *Huerto de los Olivos*, *Entre mujeres solas* y *La ceremonia del adiós*, el conjunto de relatos *Atado de nervios* y la novela *Dos veces por semana*. Ha realizado estudios de Literatura en la Pontificia Universidad Católica del Perú, la Universidad Nacional Mayor de San Marcos y en la Universidad de Ottawa.

la adultez cuando deviene en un ser derrotado y marginal. Los doce relatos que lo componen nos informan, con mayor o menor detalle, implícita o explícitamente, sobre el universo de Manolo sin ningún afán de continuidad ni manejando de manera evidente las leyes de la causalidad ni recurriendo a las explicaciones de un narrador omnisciente. Por ello, será el lector quien deberá interpretar, acomodar, realizar las conexiones e inferencias necesarias para (re)construir el trayecto vital de Manolo, su camino hacia la soledad, la marginalidad y el desencanto a pesar de sus esfuerzos, en ciertos momentos (léase: en ciertos relatos) por integrarse, por «ser como los otros».

Lo tenemos cuando, aún niño, en «El camino es así», logra demostrarse a sí mismo que es capaz, aunque sea dolorosamente, de alcanzar el objetivo: llegar de Miraflores a Chaclacayo en bicicleta. Este Manolo niño es ya un solitario pero no lo sabe; o no lo quiere saber. Se empeña en participar en la excursión, en mantenerse junto al grupo de la clase que sigue adelante. Pero le fallan las piernas y va quedando rezagado. Hermosa metáfora para expresar lo que será el Manolo adolescente de «Con Jimmy en Paracas», pero, más precisamente, el ya adulto Manolo de «Dos indios» cuando en Roma, casi destruido por la soledad y la bebida, decide volver al Perú buscando quién sabe si a ese Manolo que fue —y no ha podido seguir siendo— en la figura de los dos indios que «se habían quedado sentados en un cuarto oscuro» (Bryce Echenique, *Cuentos completos*, p. 19)[1], esperándolo.

Y está el Manolo de «Su mejor negocio», que vende su bicicleta al jardinero —aquella que lo llevó a Chaclacayo en el tiempo de la inocencia, cuando el jardinero se llamaba Miguel, era su amigo y jugaban fútbol— para comprarse un saco de corduroy marrón. «Hacía tres semanas que lo habían puesto en exhibición, y era un riesgo dejar pasar un día más: alguien podía anticipársele»

[1] Cito de Bryce Echenique, Alfredo. *Cuentos completos*. Madrid: Alianza Editorial, 1996.

(p. 45). Ese saco, cree, garantizará su éxito con «las chicocas del Belén» (p. 50); o, tal vez lo habrá usado para salir con Cecilia, la bella adolescente de «Una mano en las cuerdas», tal vez el único momento (el único relato) de plenitud en el que nuestro personaje, felizmente correspondido en el amor, exclama, escribe: «Soy el hombre más feliz de la tierra. Cecilia. ¡Cecilia! No puedo escribir. No podré dormir. No importa» (p. 67). La narración no nos informa qué pasó con Cecilia, cómo ni cuándo ni por qué naufragó ese amor pleno y feliz. Pero no es necesario. La frase final lo sugiere cuando Manolo, de vuelta en el internado del colegio, escribe en su diario: «Estoy triste y estoy preocupado. Estaba leyendo unos cuentos de Chejov, y he encontrado una frase que dice: "Porque en el amor, aquel que más ama es el más débil". Me gustaría ver a Cecilia» (p. 76).

Y lo que sigue es el Manolo que ensaya el cinismo y la mentira en «El descubrimiento de América»; el que sabe que nunca podrá ser «el rey de los prostíbulos». El Manolo que, bajo otros nombres y circunstancias, será el amigo pobre de «el gordo» en «Eisenhower y la Tiqui-tiqui-tín» o el Taquito Carrillo de «Baby Schiaffino», condenado a la soledad y el fracaso tras la apariencia del éxito profesional (ambos en *La felicidad ja ja*, de 1974).

El descubrimiento del amor ese verano en la piscina del Country Club deviene en la Arcadia, en el paraíso perdido al que Manolo nunca podrá volver. Pero no solo no podrá volver: la gran tragedia es que no la podrá recordar. Quizá en «Dos indios», el relato que inicia *Huerto cerrado*, ya está contenido todo el programa escritural de Alfredo Bryce Echenique: Manolo no puede recordar su pasado: «siempre me olvido de las cosas», exclama desesperado, «Siempre ha sido así; siempre será así, hasta que me quede sin pasado» (p. 12). Solo la escritura permite el recuerdo; y gracias a la palabra, Alfredo Bryce recupera a Manolo. Le permite recordar su arcadia. Nos permite recordar la nuestra. ❖

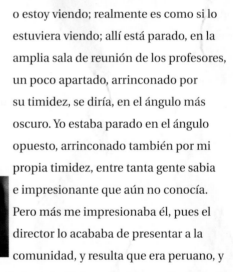

Con Alfredo, en Nanterre y en el corazón

Jean-Marie Saint-Lu

Lo estoy viendo; realmente es como si lo estuviera viendo; allí está parado, en la amplia sala de reunión de los profesores, un poco apartado, arrinconado por su timidez, se diría, en el ángulo más oscuro. Yo estaba parado en el ángulo opuesto, arrinconado también por mi propia timidez, entre tanta gente sabia e impresionante que aún no conocía. Pero más me impresionaba él, pues el director lo acababa de presentar a la comunidad, y resulta que era peruano, y escritor, por más señas ya premiado en La Habana: todo un mito para mí, por entonces futuro escritor aún no desconocido ni frustrado. Y esta fue la causa del único malentendido entre nosotros: yo no me atreví a saludarlo y él lo tomó por desprecio, cuando solo era miedo a molestar con mi insignificancia a tan importante personaje. Y eso que Alfredo es la única persona que me supera en eso de no querer molestar a la gente.

Era una mañana de diciembre del sesenta y ocho, recién nombrados los dos en la Universidad de Nanterre, él como lector, yo como asistente de profesor, es decir con la evidente superioridad de que a mí me pagaban doce

JEAN-MARIE SAINT-LU

Traductor francés.
Profesor jubilado de
Estudios Hispanos e
Hispanoamericanos.

meses al año y a él solo diez. Pero por lo menos él tenía por fin la seguridad social, lo que en aquel tiempo era, por cierto, su mayor, o casi única ambición en la vida. Eso me lo contó poco después, cuando nos hicimos amigos y pude convencerlo de que nunca había sentido desprecio por él, ni por nadie. Pero aquella mañana —él tenía veintinueve, yo apenas veinticinco, y la vida por delante— supe de inmediato que seríamos amigos, y casi, casi, que un día aún lejano, cuando ya me hubiera quitado de encima la desatinada ambición de serlo por cuenta propia, llegaría a ser escritor de segunda mano, como traductor de sus libros. Yo, que me pasaba la vida rascándome el cuerpo agredido por el prurito de escribir, encontré con Alfredo la mejor pomada contra esta alergia tan potente, y desde que traduje *La vida exagerada de Martín Romaña,* mi primera traducción, confieso que he dejado de rascarme y tengo la piel perfectamente lisa. Gracias, Alfredo, por esta cura definitiva.

Ser amigo de un escritor como Alfredo, cuyo acervo creador es su propia vida, tiene, para cualquier amante de la literatura curioso de los misterios de la creación, una inmejorable ventaja: ser, a menudo, testigo de lo que vive el escritor, y poder contemplar la transformación de esta vivencia en ficción. Yo tuve la oportunidad de vivir, al día, parte de lo que cuenta Alfredo en *La vida exagerada,* y por lo tanto puedo afirmar, en conciencia, que su vida propia es inconmensurablemente más exagerada que la de su Martín. En verdad sea dicho. Podría dar fe. Lo que no haré, por discreto, y más por amigo. Si bien es cierto que la vida no es una novela, con Alfredo dicha afirmación tiene que ser matizada, y no poco: su vida es mucho *más* que una novela, y si su talento de escritor es grande, mayor es el que tiene para hacer de su vida una obra de arte. Y después solo le hace falta transcribirla. Se puede ver que, al fin y al cabo, no tiene en ello mucho mérito. Le basta copiarse a sí mismo. Retrato del artista en vida.

Y ahora que andamos los dos en el arrabal de senectud, que diría Manrique, podría contar miles de cosas vividas a su lado, mientras él residió en Francia, y sobre todo en París. Contar, por ejemplo, cómo le disputaba a mi abuela el mejor sitio delante de la chimenea, durante unas vacaciones de Semana Santa bastante frías, o la última aceituna del aperitivo a mi hija de entonces cuatro añitos lindos. Pero lo más importante con Alfredo, este hombre para quien se inventó la expresión «muy amigo de sus amigos» —diga lo que quiera y proteste el mismo Manrique, que la puso en su copla XXVI—, lo más importante no se puede contar, digo todo lo que atañe a lo que cada uno comparte privativamente con él en lo más hondo de su corazón. Tantas copas y tantas noches locas después, y siendo ahora total y alegremente abstemio, lo que me abriga de la sospecha que lo digo por ebrio, yo quiero ahora olvidar al escritor y quedarme con el amigo, con mi más sincera felicitación por un cumpleaños ya bien entrado en meses a esta altura, y terminar diciéndote, Alfredo, que cada vez que leo o escucho la palabra *entrañable*, pienso inmediatamente, inexorablemente en ti. ❖

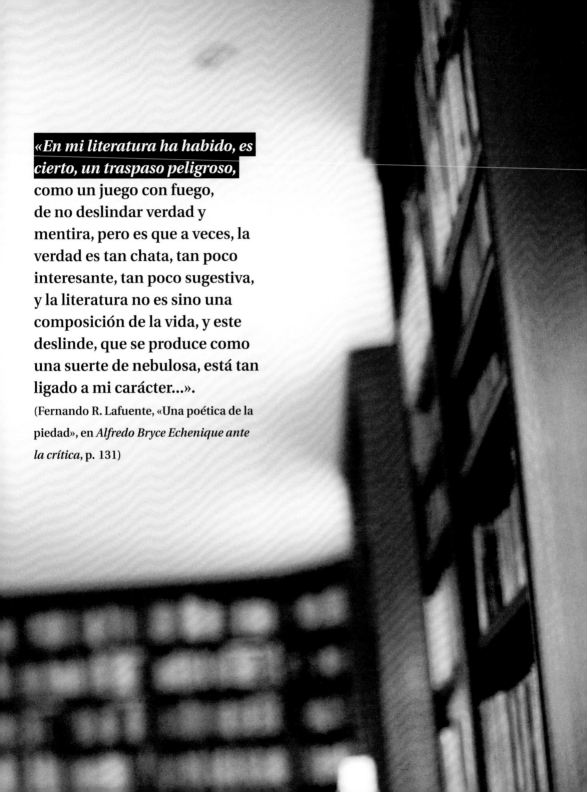

«*En mi literatura ha habido, es cierto, un traspaso peligroso,* como un juego con fuego, de no deslindar verdad y mentira, pero es que a veces, la verdad es tan chata, tan poco interesante, tan poco sugestiva, y la literatura no es sino una composición de la vida, y este deslinde, que se produce como una suerte de nebulosa, está tan ligado a mi carácter...».

(Fernando R. Lafuente, «Una poética de la piedad», en *Alfredo Bryce Echenique ante la crítica*, p. 131)

Editar a Alfredo

Jorge Herralde

Es uno de mis mejores y más antiguos amigos latinoamericanos: Alfredo Bryce Echenique. Lo conocí a través de un amigo común poco previsible: el antropólogo catalán Josep R. Llobera, que dirigía en Anagrama una espléndida Biblioteca y se ocupaba, en los Cuadernos Anagrama, de la serie de antropología y sociología. Bryce y Llobera se conocieron en Alemania, en un Goethe Institut, intentando (quizá inútilmente, como yo en Heidelberg) aprender alemán, pero ahora, en 1970, Alfredo estaba en Barcelona corrigiendo y rematando su espléndida primera novela, *Un mundo para Julius*. Nos citamos en la terraza del pub Tuset, lugar de encuentro habitual de la llamada *gauche divine*, antes de «subir» a Bocaccio para rematar la noche. Ahí asistí, por primera vez, a una *performance* estelar de Bryce: durante horas, sin prisas ni pausas, estuvo pormenorizando hilarantes historias familiares, de familia de alto copete. Desde el primer momento conectamos y nos hemos visto en innumerables ocasiones, y siempre, salvo algunas temporadas en el dique seco, más bien monosilábicas, su conversación (a menudo con tendencia al monólogo) es un festín para sus amigos. *Un mundo para Julius* la publicó su admirado Carlos Barral, inaugurando, tras la ruptura con Seix Barral, Barral Editores, que tuvo una trayectoria, por desdicha, breve. Un caso muy singular y también triste de, digamos, despilfarro de aquel «capital simbólico» que Carlos había adquirido con todo merecimiento en la etapa gloriosa e inolvidable al frente de Seix Barral a finales de los cincuenta y, en especial, los sesenta.

La novela de Bryce Echenique, una ópera prima de difícil parangón en la literatura latinoamericana, tuvo una acogida espléndida y, después de los grandes nombres del *boom*, él emergía como una suerte de hermano más joven, para nada intimidado por sus mayores, y aportando un inconfundible sentido del humor, una personalísima «musiquita Bryce», su marca de fábrica. Empecé publicándole textos de no ficción: así, *A vuelo de buen cubero* (1977), que salió en la misma colección, Contraseñas, donde aparecían Tom Wolfe, Hunter S. Thompson y demás ases del *new journalism*, y que se reeditó muy ampliado en 1988, con el título *Crónicas personales;* más tarde, en 1993, el primer volumen de sus *Antimemorias,* titulado *Permiso para vivir,* que tuvo una gran acogida. Pero no fue hasta 1995, mucho después del cierre de Barral Editores y su paso por otras editoriales, cuando empecé a publicar su obra novelística. Comencé por la inédita *No me esperen en abril* y, a continuación, recuperé *Un mundo para Julius, La vida exagerada de Martín Romaña* y *El hombre que hablaba de Octavia de Cádiz:* en resumen, mis cuatro novelas favoritas de Bryce, que lo acreditan como uno de los grandes escritores latinoamericanos de nuestro tiempo. Siguieron en un par de años otra novela inédita, *Reo de nocturnidad,* que obtuvo en España el Premio de la Crítica, y tres recuperaciones más, *Tantas veces Pedro, La última mudanza de Felipe Carrillo* y *Dos señoras conversan,* con lo que toda la obra novelística de Bryce Echenique quedó reunida en nuestro catálogo. Alfredo, a quien veíamos con frecuencia en Barcelona o en Madrid, ciudades en las que residió largos años, o en París o en México, decidió regresar a Perú, publicó dos libros en Alfaguara y ganó el Premio Planeta. Y, para terminar el recuento, su segundo tomo de *Antimemorias,* titulado *Permiso para sentir,* salio en Anagrama, y su próximo libro de cuentos, *La esposa del Rey de las Curvas,* lo publicaremos en septiembre de 2009. Cada año regresa a Barcelona desde Lima y nos vemos, a menudo con su actual pareja Anita, que enamora a todos los amigos de Alfredo, incluidos Lali y yo. ❖

JORGE HERRALDE

Editor español, fundador de Anagrama. Por su labor ha recibido varios premios. También ha publicado diversos libros referidos al mundo editorial.

* Fragmento de *El optimismo de la voluntad. Experiencias editoriales en América Latina.* México: Fondo de Cultura Económica, Colección Tezontle, 2009.

Juan Ángel Juristo

El informe
rostro de Julius

Me piden mi colaboración por deferencia del autor para una obra colectiva sobre la figura y la obra de Alfredo Bryce Echenique. Me dicen que puedo escribir lo que quiera y sobre lo que quiera. El tema es libre. La verdad: no sabía por dónde empezar aunque tenía pensado referirme en las líneas que tenía que escribir —estas que ahora leen— a esos caracteres femeninos que le salen tan bien a Alfredo Bryce y que han dado lugar a personajes como Octavia de Cádiz, una de las mujeres más curiosas y misteriosas de la narrativa en español de los últimos años, entre otras muchas. Yo he valorado, en demasía quizá, esta facilidad de Alfredo Bryce por construir esos personajes, por dotarlos de vida; me pasa lo mismo con Stendhal, y creo que esa debilidad mía por esa facilidad proviene de que soy español y la literatura en mi país no se ha caracterizado —y la situación no ha cambiado mucho ahora— por la creación de personajes femeninos de cierto calado.

Pero un artículo de Rita Gnutzmann, de la Universidad del País Vasco, sobre el aprendizaje en la obra de Alfredo Bryce ha dado al traste con ello. No es que esté en desacuerdo con lo que escribe la profesora, antes bien, sus argumentos son convincentes y el análisis que hace de *Huerto cerrado*, diría más bien de su protagonista, Manolo, son ponderados, ajustados y poseen el aire de la verdad, pero me sorprende que la obra de Alfredo Bryce se circunscriba a la tradición del *bildunsgroman* goethiano, aun sea bajo la forma de parodia. Nunca, cuando leí *Un mundo para Julius*, *No me esperen en abril* o la ya citada *Huerto cerrado*, pensé en relacionarlo con esa tradición. Todo lo contrario: si hay algo que caracterice a estas obras es la imposibilidad de los protagonistas de esas novelas o relatos por aprender algo en un sentido ascendente, de progreso. Tampoco es que desaprendan: esta manera casi mística, platónica, de enfrentarse al mundo hostil no está en la vena de Alfredo Bryce. La cosa es más simple, como siempre que surge lo complicado: los personajes de estos libros son informes, viven en la imposibilidad de fijarse una forma, de actuar con una sola máscara, y es esa imposibilidad lo que ha hecho que sus caracteres sean tomados por muchos como adolescentes crónicos. No sucede otra cosa. Y como somos personas de cierta cultura y nos gusta relacionar, no estaría de más que los personajes de estos libros se inscribieran en otra tradición de la forma, la que surge de la imposibilidad de la madurez, del rechazo de esta y de la fascinación que produce siempre lo que está por devenir, donde radica la fuerza de esa fascinación que subyuga al adulto por lo todavía no hecho, es decir, la tradición de *Ferdydurke*, de *Pornografía* y de *Cosmos*, las tres grandes narraciones de Gombrowicz en torno a ese tema y que hicieron de él uno de los grandes descubridores de una nueva sensibilidad en la literatura del siglo XX. Bien es cierto que relacionar la de Bryce con la de don Witold puede parecer extravagante, pero, en el mundo del arte, las líneas de convergencia poseen extraños caminos y modos de comportarse.

Confieso que esa fascinación mía por los personajes femeninos de Alfredo Bryce tiene mucho que ver también con la mirada de sus ⟶

JUAN ÁNGEL JURISTO

Narrador, filólogo y periodista español. Ha publicado *Para que duela menos,* un estudio sobre la obra narrativa de Alfredo Bryce Echenique y *Ni mirto ni laurel,* una recopilación actualizada y comentada de sus reseñas aparecidas en *El Mundo* sobre la nueva narrativa española. Es autor, además, de las novelas *Detrás del sol* y *El hilo de las marionetas.*

«Me ha obsesionado siempre la oralidad como una cosa absolutamente peruana. Yo creo, sigo creyendo, que los peruanos son maravillosos narradores orales y que son seres que remplazan la realidad, realmente la remplazan, por una nueva realidad verbal que transcurre después de los hechos».

(«Confesiones sobre el arte de vivir y escribir novelas», en *Los mundos de*

personajes masculinos: hay una cierta atracción por dejarse llevar por esos caracteres locuelos y rotundos que poseen estas mujeres. Es el refugio arcádico de aquel que se sabe informe, no dotado para la forma definitiva. Esto no sucede con los personajes de Gombrowicz, que van por otros derroteros, pero sí con los de Bryce, que es de lo que tratamos. Bien mirado, parecería que el artículo de Rita Gnutzmann me ha servido de excusa para escribir sobre la relación de estos informes personajes con esas rotundas mujeres. No es cierto. La cosa ha venido así. La fascinación sigue. ❖

Bryce y la ética de los afectos

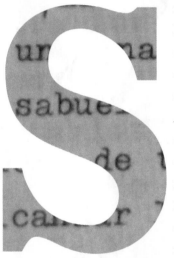

Si Don Quijote en vez de salir de La Mancha hubiese tenido la peregrina idea de volver a ella, habría protagonizado no las aventuras de la improbable justicia en este mundo, sino la biografía de su desvivir melancólico. Alfredo Bryce Echenique, en la segunda salida de sus memorias, narra su regreso a casa como una empresa quijotesca de signo melancólico: aunque decide abandonar Europa y volver al Perú, el desengaño lo obliga a otra partida. Cervantes no solo se negó a recordar el origen de Don Quijote, sino que cuando tuvo que hacerlo regresar a su pueblo, lo liberó con una pronta salida; al final, vencido y condenado a volver, a Don Quijote no le queda sino recuperar la razón y, con ella, le llega la muerte. En esa lección ilustre, Bryce Echenique entiende que debe recuperar el relato de sus idas y vueltas, la medida de su peregrinaje peruano, ese drama de su identidad narrativa. La Mancha, se diría, pertenece a lo literal, allí donde lo real es menoscabo y donde los hombres son demasiado legibles. De esa tinta derramada, que borra los nombres, Don Quijote se encamina hacia Barcelona, donde finalmente visita la imprenta y reconoce su origen imaginario, la escritura.

La aventura de Bryce Echenique es memorialista: el suyo es un «relato filosófico», según se conoce al género que ensaya las posibilidades de

io de la avenida Salaverry, fre

lacio con cocheras,

JULIO ORTEGA

autoconocimiento del yo. Pero esta exploración adquiere la forma de un proyecto novelesco capaz de dar sentido a la apuesta y los quebrantos de esa agónica vuelta al Perú, reiterada demanda biográfica impuesta al relato desde la primera página que escribió en su primer libro, apenas instalado en Europa. A la sombra del *Quijote*, este relato pleno de humor hace camino de tristeza.

Crítico, ensayista, narrador y poeta peruano. Es catedrático de Estudios Hispanos en la Universidad de Brown, en Providence, Rhode Island. En su vasta producción destacan especialmente los textos de crítica y teoría literarias. Entre sus últimas publicaciones se encuentra *Transatlantic Translations. Dialogues in Latin American Literature*.

El modelo cervantino

Permiso para sentir (PEISA, 2005), segundo tomo de las «Antimemorias» de Bryce Echenique (Lima, 1939), declara desde el comienzo su estirpe cervantina. En primer lugar, porque pertenece a la indeterminación de la novela moderna, a la interpretación permanente de lo vivido, más allá de los códigos y las normas previstas, en el lenguaje abierto por esa sílaba desencadenante («yo»), cuyo registro es un escenario de celebraciones, purgaciones y exorcismos. Pero, en segundo lugar, porque la empresa quijotesca de Bryce Echenique es restaurar en el mundo una justicia emotiva: la ética de los afectos. Esto es, la pasión gregaria del diálogo que reconoce su tribu peregrina entre viajes de ida y vuelta, en el tránsito circular de la memoria, y gracias a los vasos comunicantes del ágape.

Este Eros de la comunicación preside, con su empatía y simpatía, las «Antimemorias» de Bryce Echenique. Su elocuencia feliz, su probada capacidad de encantamiento narrativo, sostiene una estrategia de la emoción como matriz estética, moral del camino y juicio de valor. Sin embargo, nada es menos sentimental que la emoción, porque no se debe a la mera expresividad de los sentimientos sino, justamente, a la puesta en crisis del lenguaje. Porque si fuese del todo decible, sería dudosa: vence al balbuceo pero lleva la materia ardiente de su demanda. La memoria recontada es, por eso, una economía del olvido: su relato se libera del peso de lo cotidiano, que es melodramático, ————————————→

Iulius nació en un pa

dromo de San Felipe!

y se impone aliviada de explicaciones, puro presente, única y fugaz. De allí su estética de lo excepcional, que cultiva las revelaciones de la ternura, la complicidad amistosa, el entendimiento amoroso; las señas, en fin, de una identidad emotiva, capaz de propiciar el favor de lo casual y la simetría de las confluencias. Todo lo cual es, de por sí, novelesco.

Por ello, en lugar del código caballeresco que secó el seso de Don Quijote, se gesta en este libro el código de la amistad, que alimenta el corazón abundante de un narrador en estado incandescente de diálogo. Hecha por el uno en el otro, por un valor sin rédito, esta moral de los afectos no es una ley escrita, sino una verdad mutua: una aventura narrada, descubierta en la pareja pasajera, en los interlocutores propicios, en el turno de los compañeros de viaje.

Dijo Barthes, «escribir *yo* es entrar en la ficción». Nos dice Bryce: escribir *yo* es entrar en la charla. Esto es, hacer del habla el lugar sin fronteras de una saga tribal compartida. En este libro, además, el sistema afectivo y su misma retórica persuasiva, elaborada por el «autobiografismo» bryceano, es puesto a prueba por la crisis del retorno: sin proponérselo, el autor ha escrito la historia de la subjetividad peruana de este fin de siglo de autoritarismo y corrupción, de violencia y autonegación. Y lo ha hecho en su centro menos evidente: la intimidad del valor mutuo, allí donde la urdimbre social empieza en la estimativa del otro, y culmina en la civilidad y la urbanidad. Pero incluso ese testimonio en sí mismo valeroso y solitario no es todo el libro, que se resuelve en su propia novelización y que nos convoca a una mayor aventura, la de ser parte de la suerte del diálogo, en las idas y vueltas tramadas como una indagación abismada. Y no es solo una conversación amena y literaria, sino también pasional sobre la capacidad del relato memorialista de poner a juicio el valor del «yo» en el «tú», del árbitro en el arbitrio.

io de la avenida Salaverry, fre

alacio con cocheras.

Los modelos de Stendhal y Proust

Si lo literal solo puede ser realista y, por eso, trabajar del lado de la muerte, lo emotivo intenta ser tolerante, urbano y civil; trabajar, así, del lado de los sentidos. Lo emotivo pide, por eso, «permiso para vivir», primero, y «permiso para sentir», después. En verdad, licencia para recordar, y gracia para escribir. Porque *sentir*, en estas «Antimemorias 2», equivaldrá a *escribir*. La emoción escrita, ese culto de las *memorias del egotista*, consagrado por Stendhal, es un modelo de vehemencia evocativa que Bryce Echenique cultiva con deleite. En este modelo, el Eros de la reminiscencia anima al discurso con su apetito por contar y alabar; aunque el humor del autor nos libera del arrebato meramente romántico, gracias a que la ironía y el estoicismo transforman cualquier pérdida en una comedia de las emociones desencontradas. Nadie como Bryce Echenique ha vuelto cómico, antiheroico, al hedonismo.

Así, el relato amoroso, recurrente como las volutas de un concierto barroco, fluye interpolado, casi como un contrapunto, con Stendhal. Está libre, eso sí, del yo dominante del egotista, siempre atrapado «entre dos mujeres», a las que Stendhal reconocía haber reemplazado por sus libros. Y aunque en la lección del maestro, Bryce Echenique hace de la historia amorosa una «convulsión», su narrador «antimemorialista» convierte a la amada en cuento de simultaneidad episódica: todo comienza y todo termina al mismo tiempo. Este narrador está lejos del catálogo de conquistas, ya que más bien relata sus naufragios amorosos, una y otra vez abandonado. Esa es la primera acepción de la antimemoria: la del recuerdo, que ocurre en su contradicción, no literal sino figurativamente, no a nombre de la verdad del juicio sino a imagen del juicio de la verdad. Los grandes amores son los desdichados, aquellos que no llegaron a la normatividad cotidiana de la familia, esa «fábrica de la locura» que dijo Laing.

Julius nació en un pa

«*Ese humor, esa ironía
que se pone en lugar de
la bofetada y la mejilla,*
en el cuchillo y en la
herida, en el cuerpo y en
la sombra, en la víctima
y en el verdugo, yo creo
que era lo que iba a
caracterizar mi mirada
del mundo, mi manera
de ser y, por supuesto,
también mi manera de
entrar en la literatura».

(«La historia personal de
mis libros», en *Alfredo Bryce
Echenique ante la crítica*, p. 158)

Con Julio
Ortega durante
su primera
visita a la
Universidad
de Austin,
Texas, en 1982.
Alfredo Bryce
visitaría ese
campus varias
veces más.

io de la avenida Salaverry, fre

Julius nació en un pa

dromo de San Felipe

«He aprendido a conocerme a mí mismo y he visto que era a las puertas del templo de la Memoria que yo debía llamar para encontrar la felicidad», escribió Stendhal en su *Diario*. En cambio, Bryce Echenique no se debe a ese templo sino a su ausencia: «Y cómo habría sido mi vida desde entonces y para siempre. La nostalgia surge siempre de lo irrecuperable, pero posee al mismo tiempo una asombrosa carga de vida latente que la hace mucho más compleja que el recuerdo. Este, en efecto, solo puede ser bueno, malo, regular o indiferente y, a lo más, alegre o doloroso. Pero está ahí, existe mientras no se lo trague el olvido. La nostalgia, en cambio, nos invade cuando el hecho que la motiva es irrecuperable o irremediable. O cuando fue mal vivido, vivido a medias o mal comprendido» (p. 70). La nostalgia, en fin, está llena de vida narrativa: las «Antimemorias» son su guía insondable, un verdadero diccionario amoroso donde todas las definiciones son de emociones.

Ante una realidad depredada por la violencia (las clases sociales aparecerán también en este libro como el infierno ideológico peruano), que solo puede imponer en el sujeto la melancolía (la destrucción del deseo por la fuerza banal de lo real); se reafirma aquí la fuerza (quijotesca) del sueño y la nostalgia (virtuosismo bryceano) del nuevo mundo emotivo. Ese espacio sin norma ni sanción carece de fronteras, y discurre entre Perú y Europa como un trayecto permanente del discurso prometido, perdido y perseguido. Se trata de un proyecto, evidentemente, proustiano. Varias veces alude el autor al modelo de Proust, incluso para negarlo, porque recobrar el tiempo le resulta anti-temporal, ya que las memorias no son de acumulación documental sino el golpe de la contracorriente, porque carecen de afán recuperador y consagran la pérdida como el íntimo placer del dolor afectivo.

io de la avenida Salaverry, fre

alacio con cocheras,

En lugar de las «magdalenas» parisinas, que traen al narrador de Proust toda una época de su vida gracias a la «memoria involuntaria», nuestro narrador consagra «el cebiche peruano». Escribe: «Lo aprendí a hacer para Maggie, y lo dejé de hacer el día que me abandonó. La canción había terminado para siempre, pero también para siempre quedó la melodía. La canción era mi famoso cebiche a la peruana. La melodía era Maggie» (p. 266).

De modo que, irónicamente, el objeto desencadenante, un platillo típico, produce el olvido, no la memoria. El cebiche pertenece a lo literal (de cuya receta no quiero acordarme), mientras que su melodía pertenece a la emoción: es la voz de lo perdido. Las «Antimemorias», a su modo, hacen hablar no a la memoria, sino al olvido. Por eso, el relato tiene, en sus mejores momentos, la fluidez sensible y la recurrencia elegante de un andante mozartiano. No se debe a las evidencias del cuento, sino a la simpatía del recuento.

Ese recuento, en efecto, está hecho del entrecruzamiento de los tiempos (proustianos) de la duración y los tiempos deseantes (bryceanos) del descuento. En ese suplemento del juego, al margen de los tiempos normados por las reglas sociales y las normas familiares, en esos minutos descontados (rencuentros, desencuentros, fugas...) se gesta el destiempo del desbalance. Allí el relato gana el aliento de su paradoja, el humor de su vitalidad, y la ternura de saberse gratuito, del lado de la pérdida.

Para haber naufragado tantas veces, estas memorias contra la corriente navegan sus 628 páginas con buen viento y felicidad. Por lo demás, *Permiso para sentir* son «Antimemorias» no por alusión a Malraux, sino a pesar suyo. No hay aquí nada que remita al heroísmo ceremonial del hombre de

Julius nació en un pa

dromo de San Felipe

letras testigo de su época, sino todo lo contrario: la estrategia, por lo demás evidente, de Bryce Echenique, no es consagrarse como un monumento nacional, sino denunciar su propia estatua de pluma y tintero, su lugar en la plaza pública de los discursos de orden.

Se puede, por lo mismo, concluir que las «memorias» son la confirmación de la cárcel de lo literal; en este caso, todavía más degradado por la corrupción política del gobierno del ingeniero Alberto Fujimori y el doctor Vladimiro Montesinos, esa pareja siniestra del autoritarismo perverso y la violencia vulgar, que extiende su mancha de tinta derramada, indeleble y sombría, a lo largo de las clases. Esa sombra del mal, a su vez, genera en las clases medias y altas un racismo feroz, que confirma la mala calidad de la vida cotidiana peruana, viciada por la negación del otro, por la recusación de la diferencia. En términos de salud anímica, ello implica el suicido ético del sujeto, porque la ética solo puede ser el lugar que ocupa el otro en mi yo, lo que me configura como agente del diálogo. Entre el clasismo y el racismo (pestes ideológicas y pasiones bastardas de los peores tiempos peruanos), el sujeto nacional termina por corromperse inobjetablemente. Por eso, en la segunda parte de este libro, el narrador deambula en un infierno sin círculos, mero laberinto repetido entre falsedad y mezquindad; y levanta, no sin espanto, su furia desolada y su agonía melancólica, acosado por gentes que trivializan la lectura. Cada persona disminuida por el medio representa una danza de la muerte, grotesca e inapelable. Lo literal, después de todo, es incólume como el cinismo e irreversible como las pesadillas.

Las memorias, por eso, son la cárcel del emotivo. Las antimemorias, en cambio, son su libertad.

Leemos: «Así, inmenso y lleno de aire y de libertad o del aire de la libertad de inventar y crear por encima de toda amarra, así es el recuerdo de Pasalacqua...» (p. 116). ¿Cómo puede ser un recuerdo liberado de su propia representación literal? Gracias a que, como en este caso, se trata de un gran arquero, evocado por el narrador como «un hombre volando». Ese instante del arquero en el aire, esa vehemencia del recuerdo, libera a la memoria para convertirla en emoción pura, salvada por el habla.

Estas epifanías de la memoria nos devuelven a Flaubert, quien en la primera página de este libro ha sido convertido por el autor en un escritor emotivo. Liberándolo de la imagen común del fanático picapedrero que logra una frase por día, Bryce Echenique lo sitúa entre los escritores contra la corriente, aquellos que se miden por su capacidad de perder a cambio de algún milagro. Cortázar, nos dice Bryce Echenique, perfeccionó esa capacidad de vuelo; Julio Ramón Ribeyro, no menos memorable, daba lecciones de abismo. ❖

Yo también estaba allí

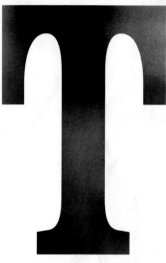

Todo empezó para mí una noche de junio de 1991. Maite y Pepe Esteban habían organizado una cena en su casa de El Escorial, aprovechando el buen clima de la amistad y los abrazos vegetales de la sierra en los inicios del verano madrileño. Ángel González, Susana Rivera, José Manuel Caballero Bonald, Pepa Ramis, Chus Visor, Concha del Moral y yo desembarcamos en la casa con un ánimo de excursionistas civilizados por los territorios de la alegría y la literatura.

Alfredo Bryce mantiene que en el jardín de Pepe Esteban se conserva el veinte por ciento de la biodiversidad planetaria. Fue ocurrencia de otra noche llena de sorpresas y monstruos, poco después de un viaje del novelista peruano a Costa Rica. Aseguraba haber visto en los ríos y las selvas de aquel país todo tipo de animales, pájaros con cabeza de caballo, cocodrilos que ladraban como perros, vacas con ojos y aletas de pez, mariposas con pies de camello y rugidos de león, toda clase de mezclas que puedan imaginarse entre reptiles, mamíferos, insectos y aves. «En Costa Rica», dijo, «se conserva el ochenta por ciento de la biodiversidad. El otro veinte por ciento está aquí, en el jardín de Pepe». Y era verdad. A muy poca distancia, la Virgen había elegido por aquel tiempo un árbol para unas apariciones milagrosas que tuvieron mucha repercusión en la prensa. Los fieles se congregaban ante el árbol en espera de las buenas nuevas, mientras nosotros nos reuníamos en el jardín de Pepe Esteban.

La noche de junio de 1991 me deparó una sorpresa. Caballero Bonald, como director, y Pepe Esteban, como secretario, habían preparado un curso de verano para el programa que la Universidad Complutense realizaba entonces en Aguadulce, un rincón inolvidable de la costa de Almería. A última hora les había fallado el conferenciante que iba a hablar sobre Alfredo Bryce Echenique, el otro director del curso. «¿Por qué no lo sustituyes tú?», me preguntó Pepe Caballero. Aunque no podía afirmarse que yo fuese un especialista en la narrativa de Bryce Echenique, ni siquiera en la narrativa latinoamericana, acepté sin demasiados remilgos. Y es que entre plato y plato me había enterado de los participantes en aquel evento veraniego, que contaba con un programa en verdad azul y mediterráneo. Además de sus responsables, iban a asistir Ángel González, Rafael Conte, Luis Landero y Mariano Antolín. Por si fuera poco, Chus y Conchita se habían matriculado como alumnos, por el gusto de estar en amistad.

Pasé el mes de julio con una brújula de navegación metódica en las aguas de Alfredo. Lo que antes solo había sido un acercamiento de lector irregular, aunque muy partidario, se convirtió en un deslumbramiento. Las pasiones del estudio no siempre tienen que ver con el frío y los protocolos profesionales. La filología se convierte a veces en pura alegría, en asombro, en una matemática del entusiasmo. Nunca podré agradecerle lo suficiente al jardín de Pepe Esteban que me viese aquella noche en la apresurada obligación de dedicar la última semana de junio y el mes de julio de 1991 a leer por orden, con papel y bolígrafo, *Huerto*

LUIS GARCÍA MONTERO

Poeta, ensayista y narrador español. Entre sus libros de poemas destacan *Y ahora ya eres dueño del Puente de Brooklyn, Diario cómplice, Las flores del frío, Habitaciones separadas, Completamente viernes* y *La intimidad de la serpiente*. Ha publicado también ensayos y la novela *Mañana no será lo que Dios quiera*. Colabora con Canal Sur y Radio Nacional de España, y es columnista en la edición de *El País* de Andalucía.

cerrado (1968), *Un mundo para Julius* (1970), *La felicidad ja, ja* (1974), *Tantas veces Pedro* (1977), *La vida exagerada de Martín Romaña* (1981), *El hombre que hablaba de Octavia de Cádiz* (1984) y *La última mudanza de Felipe Carrillo* (1988).

Sentí una íntima complicidad con los personajes de Alfredo, o con Alfredo desdoblado en sus personajes. Como poeta y como profesor universitario, siempre me había interesado ese momento en el que la historia se hace mirada individual y en el que la soledad de los individuos se convierte en una encarnación de la historia. Se trata de los valores universales del corazón, como diría Machado, más históricos aún y mucho más poderosos que los universales de la razón. La literatura de Bryce Echenique ha sido, desde entonces, una compañía inseparable.

Alfredo ha confesado alguna vez que aprendió a escribir escuchando a los periodistas deportivos de Perú: «Avanza Perú, avanza Perú, avanza Perú, gol del Brasil». El humor de Alfredo no es una carcajada que cierre los ojos, sino una sonrisa que afila y da consistencia a las miradas. Por eso sus personajes simbolizan, con una calidad literaria extrema, al ser humano contemporáneo que se ve desbordado por los acontecimientos y que no puede hacer nada contra el destino irremediable, salvo mantenerse leal a su pasado, a su forma de ser, a su conciencia y a su manera de sentir. Es verdad que sus personajes aman más que nadie, sufren más que nadie, se equivocan como nadie y utilizan a destiempo el teléfono nocturno como nadie ha llegado nunca a hacerlo. Pero sus excesos nos representan a todos, condenados a vivir situaciones exageradas, malentendidos injustos, episodios sorprendentes, silencios sostenidos en medio de los gritos. Su exageración habla de nuestra manera discreta, pudorosa, indefensa, de pasar por el mundo.

Alfredo, vanidoso como cualquier escritor, se sintió halagado por mi conferencia de Aguadulce, que empleó razones filológicas para declarar una admiración apasionada. Pero nuestra amistad no se firmó a la salida del aula, sino en la terraza del hotel, en medio de la noche. Se había matriculado en el curso una estudiante adulta que estaba empeñada en confraternizar con los escritores y los críticos. Debía de ser una costumbre, una forma tradicional de comportarse, porque muy pronto empecé a notar la incomodidad de algunos amigos cuando surgían, al descuido de la conversación, detalles de una confraternización anterior, es decir, anécdotas de otros viajes que tal vez habían emprendido sin sus mujeres.

Recuerdo a aquella chica con un persistente traje rojo, muy escotado, y una cámara de video. Mi memoria la conoce en la intimidad como *la chica de rojo*. Pero algunos amigos se empeñan en recordarla con una cámara de video y un traje verde. Es posible que ellos se confundan con otros trajes anteriores, muy escotados, pero como nunca me empeño en llevar la razón y siempre me siento desbordado por la soledad de las situaciones exageradas, no me importa llamarla aquí *la chica de verde*. Pues bien, la chica de verde se puso tan pesada, se portó tan pésimo, que en la última noche del curso estallaron las hostilidades. Palabras duras, insultos, rotunda exigencia de que nos dejase tranquilos y una condena inapelable y colectiva de expulsión. En medio de los gritos, Alfredo y yo nos quedamos en una silenciosa soledad, cada uno en un extremo de la mesa, queriendo desaparecer, trágame tierra, trágame, sintiendo lo de siempre en los casos de violencia, una angustiosa vocación de ser el hombre invisible. Las aguas solo se calmaron cuando la chica de verde se fue con sus lágrimas a una esquina de la barra del bar.

En El Escorial, el
año 2002, entre
otros, Luis García
Montero, Joaquín
Sabina y, de pie y
agachado, Pepe
Esteban. El primero
por la derecha es
el poeta asturiano
Ángel González.

Alfredo y yo, cada uno por su lado, hicimos mil malabarismos para ir a consolarla. Ya se sabe, tampoco está bien dejar mal a los amigos, levantarse y abandonar la reunión junto a la víctima, dejando claro que los amigos del alma han cometido una barbaridad. Tenían razón, la chica de verde era muy pesada, se portaba pésimo, pero no se podía tratar a nadie así. Para no causar molestias, para que nadie se sintiese violento y ofendido, pero para no dejar tampoco sola a la víctima, había que salir a la terraza del hotel, entrar al bar por la puerta trasera y cruzar rápido por las ventanas que daban a la terraza sin ser visto. «No te preocupes, no pasa nada, es que están mal, se han pasado, deja de llorar, ¿quieres un pañuelo?». En una de esas entradas y salidas, coincidimos Alfredo y yo en la barra. Más bien chocamos, porque los dos íbamos con la mirada puesta en la ventana desde donde nos podían descubrir nuestros amigos del alma. «El lunes», me dijo, después de colocarse bien las gafas, «nos conocimos. Esta noche nos hemos reconocido».

Una mala noche la tiene cualquiera. A la mañana siguiente se celebró la clausura de curso más extravagante y tristona que yo he vivido. Hasta los diplomas y los certificados de asistencia lloraron como magdalenas. Lloraban por el final de una maravillosa semana frente al Mediterráneo y a la buena literatura. Lloraban por la mala noche última con su episodio más bien vergonzoso, un mal cierre para la felicidad. Y lloraban porque, en un descuido de sus manos animosas, Pepe Esteban, el secretario, había derramado una jarra de agua sobre los documentos oficiales. Cuando los alumnos eran llamados a la mesa para que recogiesen sus diplomas, el secretario se los entregaba de manera solemne. Pero antes tenía que escurrirlos.

Luego, durante las palabras de clausura de Pepe Caballero Bonald, sucedió una de las anécdotas más famosas de Alfredo. Como la he oído contar de mil maneras y en medio mundo, situada en lugares diferentes de la biodiversidad y vestida con extraños ropajes, puedo escribir con orgullo y sin prejuicio que yo estaba allí. La mañana de viernes era luminosa. El cielo azul y el aire limpio entraban por las ventanas abiertas. Se oían palabras sabias y pertinentes. Caballero Bonald hablaba a los alumnos en su papel de director. Alfredo, en su papel de codirector, dio una cabezada por culpa de la mala noche que habíamos pasado. En medio de esa clausura azul y llorosa, pura contradicción interior con la alegría radiante de agosto, Pepe Caballero citó en su discurso a don Manuel Alvar, insigne filólogo. Entonces Alfredo abrió los ojos, compuso una sonrisa de domingo de resurrección y comentó demasiado cerca del micrófono: «Eso, eso, al bar, todos al bar».

A la salida, un compañero del mundo universitario me comentó que no había estado bien el comentario chistoso sobre don Manuel Alvar. Abrumado por el peso solemne de la historia universitaria, quiso preguntar mi opinión sincera sobre Alfredo Bryce Echenique. Le contesté que no había visto ningún ánimo ofensivo en el comentario y que Bryce Echenique me parecía un nombre decisivo en la narrativa hispánica contemporánea. «Mira», le expliqué, «los letraheridos, los que nos dedicamos a la literatura por dentro, sabemos distinguir muy bien qué es lo que realmente importa, lo que decide la significación de un nombre. Hay poetas que son grandes y pasan a la historia por un solo poema. Alfredo tiene muchas razones que lo han hecho grande y que nadie, ni nada, podrá quitarle nunca. Esas razones se llaman, por ejemplo, *Un mundo para Julius*, *Tantas veces Pedro*, *La vida exagerada de Martín Romaña*.... Yo lo tengo en un altar».

Después de aquel curso de verano de 1991 he visto muchas veces a Alfredo. Quien lo conozca podrá imaginar los buenos momentos, la

→

felicidad ja, ja, la literatura y la alegría compartida en Madrid, Granada, Lima, Barcelona, Santiago de Chile o cualquier ciudad del mundo que cuente con la necesaria biodiversidad. Da gusto estar con él, y después da gusto escuchar cómo lo cuenta. Un día me lo encontré por sorpresa en Granada. Iba paseando por la Gran Vía, sin rumbo fijo. Me explicó que por la tarde daba una conferencia, de la que yo no estaba enterado. Había aceptado a última hora una invitación imprevista de una institución rara con anfitriones muy generosos en la remuneración, pero poco hospitalarios. Propuso sobre la marcha que comiésemos juntos y, por una vez, tuve que disculparme. Era mi cumpleaños, mi madre había preparado una tarta y mi familia granadina me esperaba casi al completo. No podía fallar. Cuando volvió, contó a su modo el episodio. «Oye, Chus, ¡qué cabeza tiene Luis! Quedamos en que me invita a comer en Granada. Tomo un avión, hago cuatrocientos kilómetros, voy allí, nos vemos, pero me deja plantado de repente. Se le había olvidado que era su cumpleaños, y se fue corriendo con su madre a celebrarlo».

Otras veces las cosas más reales resultan increíbles. En la casa de Alfredo nunca se creyeron que le habían tirado huevos en Albuquerque, Nuevo México. Invitado por Ángel González, Alfredo dio una conferencia en la universidad. Uno de los profesores del departamento, según recuerdo, había traducido una de sus novelas al inglés. Después de la conferencia, mientras paseaban por la calle, unos gamberros tiraron huevos desde un coche. Parece que era una moda en las celebraciones juveniles nocturnas. Los proyectiles buscaron el elegantísimo traje de Alfredo, porque la maldad busca siempre el lugar donde puede hacer más daño. «¿Cómo fue la conferencia?», le preguntó su mujer por la noche. Siempre pensó que la respuesta —«nos han tirado huevos; aunque no te lo creas, nos han tirado huevos»— formaba parte de la imaginación exagerada de Alfredo Bryce Echenique.

Bendita imaginación, complicada siempre con la realidad y la literatura. Alfredo es uno de los novelistas que más quiero y admiro. Soy un devoto. Donde quiera que esté, me tendrá a su lado, y cuando alguien pregunte, responderé con orgullo, en el bar o en la mesa de trabajo, que yo también estaba allí. ❖

Los cuentos de Alfredo Bryce Echenique

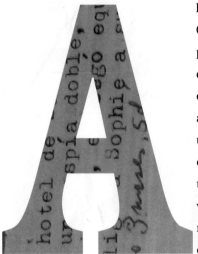

lfredo Bryce Echenique está de paso. Quedas con él para tomar un café, o para cenar con algunos amigos, y te explica que acaba de llegar a la ciudad o que sale de viaje al día siguiente, que aun así busca piso para instalarse de una vez por todas, maldita sea, aunque de inmediato te aclara que por un tiempo cortito porque seguramente se vuelva al Perú, deseando como desea residir de manera estable en Barcelona o en París, quizá mejor en Lima, no lo sabe muy bien porque está de paso. Y es posible que sea ese estar siempre de paso lo que acomode a Alfredo Bryce Echenique tan bien en todas partes, que hasta los cafés parecen serlo por estar él sentado a una de sus mesas, y es posible que por eso sus amigos lo quieran, algo desconcertados, sin recordar exactamente dónde ni cuándo se hicieron tan íntimos de ese hombre que parece estar en todas partes a la vez, por no saber estarse quieto en ninguna.

Es imposible referirse a Bryce Echenique como escritor sin referirse también a él como persona, pues ambas cosas vienen a ser lo mismo. Cuando tuve la suerte y el honor de presentar en Barcelona su libro *No me*

PEDRO ZARRALUKI

Narrador español. Ha publicado los libros *El responsable de las ranas*, *Para amantes y ladrones*, *La historia del silencio*, *Un encargo difícil* y *Todo eso que tanto nos gusta*.

esperen en abril, creí descubrir un autorretrato del autor agazapado entre sus páginas, al referirse este a «la triste elegancia, la debida compostura, y las reglas de la ensoñación». Era un autorretrato, por supuesto, pero no había mérito ninguno en descubrirlo. Su obra está llena de ellos. En realidad, cualquier párrafo de Bryce Echenique nos habla con enorme contundencia tanto de él como de su visión del mundo, mediante una de las voces más bellas, más sólidas y más fácilmente reconocibles del panorama literario en español. Este escritor está poco tiempo en todas partes, pero indudablemente lo está con mucha intensidad.

No voy a comentar aquí *No me esperen en abril*. Tampoco comentaré ninguna otra de sus novelas, por mucho que representen el cuerpo central de su producción literaria. En esta ocasión intentaré acercarme al estilo de Bryce Echenique desde su obra más breve, el cuento, género que él mismo califica de endemoniado. Y lo es, como sabemos todos los escritores. Raúl Castagnino definió el cuento, con vaporosa precisión, como un «artefacto», y Julio Cortázar, al que tanto dice deber Alfredo Bryce Echenique, estableció para siempre, con la puntualidad narrativa que lo caracterizaba, que «el cuento es una máquina literaria de crear interés».

En cuatro ocasiones ha puesto Bryce Echenique en marcha esa máquina. Su primer libro de cuentos fue también el primero que publicó, *Huerto cerrado*, en 1968. El segundo pasó por la imprenta en 1974 y se tituló *La felicidad ja ja*. Hubo que esperar doce años, hasta 1986, para que apareciese *Magdalena peruana y otros cuentos*. Y el último hasta ahora, *Guía triste de París*, es de 1999. Tiene también algunos otros cuentos sueltos, no recogidos en ningún libro en su día y que fueron rescatados en los *Cuentos completos* editados por Alfaguara. Entre ellos el magnífico ⟶

«Tiempo y contratiempo», en el que un tren que no llega a salir nunca de la estación de Milán aleja para siempre a su protagonista de una felicidad que solo existe porque ya ha pasado, porque ha quedado atrás. Esta vendría a ser la primera característica de la narrativa breve de Bryce Echenique: la vivencia del pasado como una pérdida, como un lugar irrecuperable, un paisaje al que no se puede regresar si no es mediante la literatura. Un pasado no necesariamente idealizado, pero sí tan intenso que convierte al narrador en algo así como un pecio abandonado en el presente desde el que nos cuenta la historia. En su cuento «La muerte más bella del 68», perteneciente al último de sus libros, Bryce Echenique reflexiona: «La verdad es que Neruda dice que es bien largo el olvido, pero mi opinión personal es que es bien largo el recuerdo». Y desde ese recuerdo construye toda su obra, mezclándose con sus personajes, arrastrando a sus amigos y a sí mismo al mundo de la ficción, recreando su ciudad natal o los miles de millones de ciudades que a lo largo de su vida lo han ido adoptando.

Es curioso que este hombre que hace que los cafés lo sean por el solo hecho de estar sentado a una de sus mesas, que se acomoda con entrañable solidez en la amistad y que es capaz de mantener con cualquiera, y en cualquier lugar, una apasionante conversación, no se encuentre realmente a gusto en ningún sitio. Ya en uno de sus primeros cuentos, «Un amigo de cuarenta y cuatro años», nos hablaba con admiración del director de un colegio tan británicamente distinguido, que fumaba en pipa y leía el *Time* tomando el sol con un pañuelo al cuello. A su alumno, lleno de admiración, le daba la impresión de que era un hombre que ya se había instalado en la vida. Y eso, instalarse ya en la vida, sería lo que Alfredo Bryce Echenique iba a perseguir desde siempre para acabar consiguiéndolo gracias a su propia obra narrativa. Porque el nomadismo se acabaría convirtiendo en la característica principal de su universo literario. Así sucede en «Una tajada de vida», donde el protagonista, después de quejarse de que nadie lo despide al irse de Lima, y de que nadie lo espera en el aeropuerto de París, encuentra en su departamento «olor de encierro y regreso, el vacío de un mundo abandonado ya para siempre y el desasosiego de un mundo nunca encontrado. Eso que llaman desarraigo…», escribe Bryce Echenique, en el fondo, como todas las personas sensibles, desarraigado de sí mismo más que de ninguna otra cosa.

Su primer libro, *Huerto cerrado*, es el que más depende de la realidad que se recuerda o se recrea, y quizá por ello su autor decidió extraviar el original en un taxi, lo que le obligaría, según explica en *Permiso para vivir*, a rescribir todos los cuentos. No sé si será cierta o no la anécdota, porque la narratividad en continua progresión de Alfredo Bryce Echenique, tan embriagadoramente oral cuando conversas con él, tan maravillosamente escrita cuando lo lees, le lleva a mentir hasta cuando dice la verdad, según expresión de Joaquín Sabina. En cualquier caso, hay dos cuentos admirables en ese libro: «El camino es así», en el que narra la épica escolar de una excursión en bicicleta en la que el protagonista debe vencer sus propios límites, como sucede con todas las épicas, tan infantiles y por ello tan importantes; y «Con Jimmy, en Paracas», admirable relato en el que se ve a un padre a través de los ojos de su hijo, en uno de los mejores, más precisos y crueles retratos de este escritor que es también, y por encima de todo, retratista.

Largo iba a ser el camino que llevaría a Alfredo Bryce Echenique de ese primer libro de cuentos, *Huerto cerrado*, a su prólogo de la *Guía triste de París*, escrito treinta años después. En este nos dice: «Sé perfectamente lo que es y puede llegar a ser la realidad y lo que es y puede llegar a ser la fantasía. Y como a la primera suelo encontrarla chata y aburrida, privilegio siempre a la segunda y la dejo entrar y circular libremente por donde le dé su real gana, en cualquier circunstancia o momento, incluso dormido, lo juro». Aquí el autor es ya dueño absoluto de su oficio y de su arte, ha recorrido, según ha dejado escrito, un camino en profundidad con los significados de las palabras, que no son las mismas con el transcurso del tiempo, y ha descubierto que su estar siempre de paso es la única manera que conoce de estar firme en algún sitio. Pensemos que cuando redacta este prólogo ya tiene escritos sus cuentos más importantes, hasta la fecha al menos.

Voy a referirme a tres de ellos, que son cuatro en realidad. Los he escogido porque son los que más me gustan, pero también porque creo que entre los tres, o los cuatro, ejemplifican el quehacer narrativo de Alfredo Bryce Echenique en el territorio endemoniado de la brevedad.

El primero se titula «Anorexia y tijerita» y pertenece, como los otros dos, que no el cuarto, al volumen *Magdalena peruana*, seguramente el más maduro y redondo de sus libros de cuentos. En «Anorexia y tijerita» se condensa la permanente crítica de su autor a la alta sociedad limeña y, en general, a la facilidad con que se corrompen las estructuras de poder. De *No me esperen en abril* es la cita siguiente: «Eso no existe, huevón. Que no es lo mismo que algo imposible. Porque algo imposible en este país lo puede arreglar tu padre, por ejemplo». Pues bien, en «Anorexia y tijerita», uno de los cuentos más hilarantes de Bryce Echenique, se nos explica la historia de Joaquín Bermejo, el padre capaz de solucionar lo imposible desde su puesto de ministro del gobierno. Pero la historia comienza cuando acaba de destaparse un escándalo que será su perdición, y el hombre, cada vez más solo, más cerca de convertirse en el chivo expiatorio, no encuentra consuelo ni en los brazos de su amante Vicky. Es entonces cuando aparece el personaje enorme de su mujer Raquelita, con su serenidad de cristal, con el melocotón de su anorexia y la tijerita de oro para defenderse, convencida de que todo lo malo viene de «gente de la ínfima» y de que su papá, un papá riquísimo, más poderoso que cualquier ministro, lo arreglará todo. Es sencillamente magistral el retrato de Raquelita, aunque solo es uno más de los muchos retratos de mujeres que pueblan los cuentos de Alfredo Bryce Echenique. En el momento de escribir estas líneas recuerdo otro retrato magnífico, el de doña Rosita San Román y *también* Pérez Prado, en el cuento «París canalla» de su *Guía triste*, tristísima en esta ocasión.

A menudo, recreándome en los personajes femeninos de Bryce Echenique, me da por pensar que Truman Capote, el gran advenedizo de sus amigas neoyorquinas, el genial Proust fracasado, habría de envidiar al autor limeño por cómo describe a las mujeres que pasan por su lado, distinguidísimas a veces, quién sabe si desesperadas, sabias hasta gritar o un poco patéticas, luchadoras o resignadas, extremadamente jóvenes o a duras penas supervivientes, rabiosamente vivas todas. Como botón de muestra basta la descripción de Alicia en el cuento «A veces te quiero mucho siempre», el segundo al que quería referirme. Dice así: «Alicia con su pantalón gastado de terciopelo rojo, con su chompa roja de cuello alto y que le quedaba enorme, y con una casaca de cuero negro que debía ser de su hermano mayor. El pelo largo, muy negro, y lacio, se metía en la conversación a cada rato y ella lo arrojaba nerviosamente detrás de sus hombros, mirando hacia ambos lados como si les estuviera diciendo quédense quietos, allí es donde deben estar, pelos del diablo. Su belleza no era extraordinaria, pero podía llegar a serlo, en ciertos movimientos, y sus ojos negros, cada vez más húmedos, definitivamente hablaban como locos».

En este cuento abarrotado de anécdotas, divertidísimo y terrible, se nos muestra con toda crudeza la melancolía del autor ante los días y las personas que han ido quedando atrás. En el relato, un pintor famoso vive encerrado en su casa de la playa en compañía de sus botellas de ginebra y de un discreto mayordomo que lo alimenta con sopas de pescado. Una noche, después de cenar, se sienta a su escritorio e intenta contestar las cartas de Alicia, una amante muy joven a la que no ve desde hace dos años. Pero la pretendida misiva acaba convirtiéndose en una galería de personajes entrañables, tan fracasados como llenos de energía y vitalidad, admirables locos desaparecidos en el laberinto de los días fugitivos, a los que Alicia no llegó a conocer y que, a medida que el pintor los rememora, la van alejando cada vez más de él. La lucidez del personaje llega a ser hiriente cuando medita, acerca de sí mismo, que «su única nobleza, en todo caso, consistía [...] en una cierta delicadeza que lo llevaba, a menudo, a ser muy cortés con la gente que estaba de paso y hasta a tomarles un secreto cariño que solo se confesaba cuando ya era demasiado tarde porque ya se habían ido. Entonces se sentía bien un par de horas y en eso consistía su moral». No sé a ustedes, pero a mí esta reflexión me transmite una insoportable sensación de pérdida, la sospecha de que la vida es algo a lo que siempre se llega tarde, a destiempo, y que cuando la encontramos está tan llena de broza que resulta casi imposible disfrutarla. Sensaciones todas que nos contagia un hombre que entra en la cocina con dos vasos llenos de sangría, dispuesto a enfrentarse a una mujer llamada Florence desde la doble atalaya, tantas veces contradictoria, del ensoñamiento y la observación. Y es que ni quiere ni sabe hacerlo de otra manera.

Llegamos así al tercer cuento que quería comentar. Se titula «El breve retorno de Florence este otoño». Se trata de la continuación de otro cuento llamado «Florence y Nós três», perteneciente al libro *La felicidad ja ja*, publicado una década antes. En el primero, el personaje de Bryce Echenique, un joven profesor que sobrevivía en el crudo invierno de París con la única ayuda de un abrigo viejo y destartalado, se entregaba por entero a la fascinación por una mujer. En este caso se trataba de una fascinación de orden platónico, dolorosamente espiritual, hacia una alumna enfermiza aunque poseedora de una alegría contagiosa a la que el protagonista daba clases en una miserable academia. Una adolescente brillante, consentida por todos, arrolladora, que permitía al autor de este cuento realizar un notable ejercicio de sometimiento contemplativo. También de ajuste de la expresión narrativa, que Alfredo Bryce Echenique forzaba hasta conseguir una brillantez difícilmente igualable. El protagonista de este cuento, asustado al verse retratado en los vagabundos que se cruzaban con él por la calle, sucumbiendo al efecto nocivo de las mujeres coloradas y alcohólicas del barrio, temiendo haber perdido el sentido del humor sin encontrar algo con qué remplazarlo, nos decía algo tan grande como esto: «Sentí que se había producido en mí algo así como un gran venimiento abajo».

Las frases brillantes y los juegos de palabras de Bryce Echenique merecerían un estudio aparte. Son, creo yo, fundamentales para profundizar en la riqueza de su prosa, y forman parte importante del disfrute que causa la lectura de este autor. Pero no hay espacio aquí para dedicarles la atención que merecen. Aun así, no puedo evitar citar, como último botón de muestra, un ejemplo perteneciente a otro cuento, «El Papa Guido Sin Número». Nos encontramos ante una familia reunida en torno a una mesa. Hablan la madre y sus vástagos, en presencia de un padre bastante duro de oído. Uno de los hijos está contando una historia, pero

su padre lo interrumpe continuamente para pedirle que le repita lo que
acaba de decir: «¿El entierro de quién?... ¿Al Papa qué?... ¿Guido sin qué?».
Desesperado, el hijo revienta por fin y, dándole la vuelta al refrán, exclama:
«¡Definitivamente, no hay peor sordo que el que sí quiere oír!».

Pero volvamos a la historia de la niña llamada Florence, que se ha
quedado atrás como tantas cosas en la vida, recibiendo clases de otro
profesor en la miserable academia de París. Ha transcurrido una década
desde la publicación de *La felicidad ja ja*, y en ese tiempo han visto la luz
Tantas veces Pedro, *La vida exagerada de Martín Romaña* y *El hombre que
hablaba de Octavia de Cádiz*. Solo entonces Alfredo Bryce Echenique saca
otro volumen de cuentos, que incluye una pequeña joya titulada «El breve
retorno de Florence este otoño». La narración comienza explicándonos
que quizá la primera historia, «Florence y Nós Três», fuera escrita como
un cebo para que su protagonista buscara algún día a su autor. Dice Bryce
Echenique de ese cuento, en el cuento que le sigue tantos años después:
«A lo mejor lo escribí, en efecto, como una manera vaga, improbable,
pero sutil, de llamarla, de buscarla, en el caso de que siguiera siendo
la misma Florence de entonces, la bromista, la alegre, la pianista, la
hipersensible». Y Florence lo llama, vencida por el entusiasmo, y lo invita
a cenar, y el profesor que acude con un gran ramo de flores ya no lleva
un abrigo destartalado sino un elegante traje con corbata, y la Florence
que abre la puerta es ya una mujer adulta, con voz ronca de fumadora, y
está casada con un hombre amable que siempre sonríe afirmativamente,
y bebiendo sangría en la cocina no saben muy bien qué decirse mientras
el profesor piensa que ya es demasiado tarde para todo, y todo ello en un
cuento, por tantas razones inolvidable, que me atrevería a calificar como
la esencia misma de la literatura de Alfredo Bryce Echenique, de este autor

que siempre estará de paso en las vidas de nosotros, sus amigos, y en la suya propia y en las de los personajes de sus libros. En un rincón de este cuento nos dice: «Le hablé también de todas esas cosas que en el fondo no eran nada más que cosas mías». A lo que yo añadiría que nunca nadie perdió tanto como Alfredo Bryce Echenique, porque nunca nadie valoró tanto esas cosas suyas que iba perdiendo. Felizmente, las recupera para sí mismo y nos las regala a sus lectores en los libros que escribe. Ese es el secreto propósito de su obra: retener la vida en su sentido más amplio, más generoso, más abierto, más triste y más vital al mismo tiempo. Retener la vida tal como es la vida.

Quisiera acabar parafraseando el final de este cuento. Todos, al día siguiente de cada uno de nuestros días, nos despertamos horrorizados por las tonterías que dijimos, por nuestro ridículo comportamiento, por todo aquello en lo que nos hemos convertido. Pero entonces suena el teléfono y es Florence, que nos llama para decirnos que no pasa nada, que todo va bien, y luego se queda callada. Pensamos que continúa siendo una mujer maravillosa.

—¿Quieres que cuelgue primero? —le decimos.

Y colgamos el teléfono. ❖

Con Bryce, mismo Beatles

Ricardo González Vigil

No es el más admirado de los escritores peruanos vivos, pero sí el más querido por sus lectores, el que consigue la mayor participación del corazón en sus páginas tiernas y jocoserias, recibidas casi como confidencias de un amigo íntimo, al que conociéramos de toda la vida. Ese cariño multitudinario lo he podido constatar ampliamente a lo largo y a lo ancho del Perú, en el norte y en el sur, en la costa, la sierra y la selva: en el año 2001 visitamos juntos Piura, Iquitos y el Cuzco; y en el 2002, Trujillo, giras organizadas magníficamente por PetroPerú. En todos los casos, el fervor del público, que abarrotaba los auditorios elegidos, podía palparse en los aplausos, las risas, los rostros iluminados y las palabras de homenaje para quien prestigia tanto al Perú con las traducciones y distinciones que recibe en diversas partes del orbe.

¿A quién nos estamos refiriendo, si no es al entrañable Alfredo Bryce Echenique? Reo de la popularidad, detenido en las calles y establecimientos de todo tipo para firmar autógrafos (algunos quieren conversar con él, contarle sus problemas personales, abrirle su alma sufriente, sedienta de comprensión), obligado a escaparse —mismo *beatle*— por puertas traseras en automóviles colocados para despistar a sus enfervorizados admiradores.

Guardo un recuerdo especial de la acogida que obtuvo en el Cuzco, cuando contó que él fue criado para anhelar viajar lo más pronto posible a París (como si fuera la capital cultural de Hispanoamérica). Y así lo hizo, sin haber conocido antes el Cuzco. Ya en París, al saber que era peruano, todos le hablaban inmediatamente del Cuzco y Machu Picchu, llenos de curiosidad y/o fascinación. ¿Qué podía hacer? Cubierto de vergüenza, aturdido, vencido por el entusiasmo extranjero, le brotó de adentro el deseo de conocer el Cuzco en el primer viaje de retorno al Perú. Mientras tanto, para no decepcionarlos, y para no acrecentar la dolorosa decepción que sentía frente a sí mismo, dio en fabular que claro, una maravilla la capital del imperio incaico, si él había nacido en el Cuzco, nada menos, fíjese, a mucha honra. ❖

RICARDO GONZÁLEZ VIGIL

Crítico peruano. Miembro de la Academia Peruana de la Lengua, tiene también una larga trayectoria como docente universitario. Colabora en distintos medios de comunicación impresos.

Libros,
películas,
fotos

Mis libros

A. BRYCE ECHENIQUE
JULIUS

Alfredo
Bryce
Echenique
Eine
Welt
für
Julius
Ro

N·LÉVY

COLECCION PREMIO **HUERTO CERRADO**
Alfredo Bryce CASA
mención cuento/1968
CASA DE LAS AMERICAS

ALFREDO
BRYCE
ECHENIQUE
UN MONDO PER
JULIUS
ROMANZO
FELTRINELLI

HUERTO CERRADO
(Cuentos, 1968)

Español, francés,
portugués, ruso.

«Todos mis libros han sido
hechos con una sensibilidad
muy grande, buscando siempre
contactar con un lector concreto y real: mis amigos,
la gente que amo. [...] Uno debe escribir como si
fuera amado, como si fuera comprendido y como
si estuviese muerto. Esta ha sido la moral de toda
mi obra, a partir de ahí te sientes con la libertad
suficiente para decir lo que piensas, puesto que
después de ser amado ya nada tiene importancia».

(Julia Trigo, «Alfredo Bryce Echenique», en *Alfredo Bryce Echenique*

ante la crítica, p. 87)

ALFREDO BRYCE ECHENIQUE

UN MUNDO PARA JULIUS

1 MILLÓN DE EJEMPLARES VENDIDOS.

ALFREDO BRYCE ECHENIQUE
LA FELICIDAD JA, JA

BARRAL — HISPÁNICA NOVA

LA FELICIDAD JA, JA
(Cuentos, 1974)

Español, francés, portugués.

A. BRYCE ECHENIQUE
A VUELO DE BUEN CUBERO
Y OTRAS CRÓNICAS

EDITORIAL ANAGRAMA

A VUELO DE BUEN CUBERO
(Crónicas de viaje, 1976)

Español.

O BRYCE ECHENIQUE
ATED BY DICK GERDES

World r Julius

A NOVEL

UN MUNDO PARA JULIUS
(Novela, 1970)

Español, alemán, búlgaro, croata, francés, griego, inglés, italiano, polaco, portugués, rumano, serbio, sueco.

Alfredo Bryce Echenique
Tantas veces Pedro

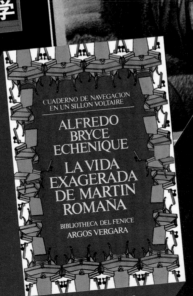

TANTAS VECES PEDRO
(Novela, 1977)

Español, francés, japonés.

**LA VIDA EXAGERADA
DE MARTÍN ROMAÑA**
(Novela, 1981)

Español, francés,
italiano, polaco,
portugués.

**EL HOMBRE QUE
HABLABA DE OCTAVIA
DE CÁDIZ**
(Novela, 1984)

Español, francés,
portugués.

ALFREDO BRYCE ECHENIQUE
MAGDALENA PERUANA
Y OTROS CUENTOS

**MAGDALENA PERUANA
Y OTROS CUENTOS**
(Cuentos, 1986)

Español, francés, húngaro.

ALFREDO BRYCE ECHENIQUE
LA ULTIMA MUDANZA DE FELIPE CARRILLO

**LA ÚLTIMA MUDANZA
DE FELIPE CARRILLO**
(Novela, 1989)

Español, francés.

ALFREDO BRYCE ECHENIQUE

Permiso para vivir
(Antimemorias)

ANAGRAMA
Narrativas hispánicas

**PERMISO PARA VIVIR
(ANTIMEMORIAS I)**
(Memorias, 1993)

Español, italiano.

ALFREDO BRYCE ECHENIQUE

*Dos señoras
conversan*

ANAGRAMA
Narrativas hispánicas

Alfredo Bryce Echenique
Ana María Dueñas
Ilustraciones de Eduardo Tokeshi

Goig

PEISA

**CUENTOS
COMPLETOS**
(Cuentos, 1995)

Español.

**QUINCE CUENTOS
DE AMOR Y HUMOR**
(Cuentos, 1996)

Español.

**A TRANCAS Y
BARRANCAS**
(Artículos, 1996)

Español.

**NO ME ESPEREN
EN ABRIL**
(Novela, 1995)

Español, francés.

REO DE NOCTURNIDAD
(Novela, 1997)

Español, francés.

GUÍA TRISTE DE PARÍS
(Cuentos, 1999)

Español, francés, italiano,
portugués, rumano.

LA AMIGDALITIS DE TARZÁN
(Novela, 1999)

Español, alemán, francés,
griego, holandés, italiano,
polaco, rumano.

**CRÓNICAS
PERDIDAS**
(Ensayo, 2002)

Español.

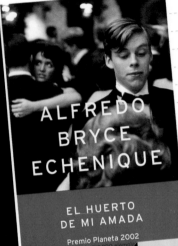

ALFREDO
BRYCE
ECHENIQUE

EL HUERTO
DE MI AMADA

Premio Planeta 2002
1.ª edición 210.000 ejemplares

**EL HUERTO DE
MI AMADA**
(Novela, 2002)

Español,
francés, italiano,
portugués,
rumano, sueco.

ALFREDO
BRYCE
ECHENIQUE

ENTRE
LA
SOLEDAD
Y EL
AMOR

DEBATE

ENTRE EL AMOR Y LA SOLEDAD
(Ensayo, 2005)

Español.

ALFREDO BRYCE ECHENIQUE

Permiso para sentir

Antimemorias II

ANAGRAMA
Narrativas hispánicas

**PERMISO
PARA SENTIR
(ANTIMEMORIAS II)**
(Memorias, 2005)

Español.

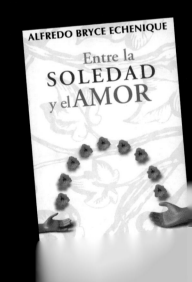

ALFREDO BRYCE ECHENIQUE

Entre la
SOLEDAD
y el AMOR

Alfredo Bryce Echenique

La esposa
del Rey de las
Curvas

PEISA

LA ESPOSA DEL REY DE LAS CURVAS
(Novela, 2009)

Español.

Alfredo
Bryce
Echenique
Las obras
infames de
Pancho
Marambio

Planeta

LAS OBRAS INFAMES
DE PANCHO MARAMBIO
(Novela, 2007)

Español, italiano.

Map labels:
CALLAO LIMA
Área del detalle
LA VICTORIA
SURQUILLO
Av. Petit Thouars
Arenales
Av. Arequipa
Paseo de la República
LINCE
Av. Salaverry
Av. Javier Prado
Country Club
Inmaculado Corazón
El Palacio original
SAN ISIDRO
Av. Pardo
Av. Benavides
MIRAFLORES
Circuito de playas
OCÉANO PACÍFICO

EL REFUGIO

Nadie pudo impedir que Julius prácticamete se instalara a vivir en la carroza del bisabuelo presidente: era un refugio, como una casa de reemplazo. Se pasaba el día sentado en el asiento desvencijado, jugando a indios y vaqueros, acribillando a la servidumbre, siempre bajo la mirada atenta de Vilma.

REFLEJO DE UNA ÉPOCA

Aunque escrita en París en la década de 1960 y publicada en Madrid en 1970, la novela está ambientada en la Lima de los años cincuenta.

- Gobernaron el Perú Manuel A. Odría (1948-56) y Manuel Prado Ugarteche (1956-62).
- Se creó la tarjeta de crédito (1950).
- Se enriquecieron muchas familias peruanas con la venta de minerales a EE.UU. para la guerra de Corea.
- Votaron por primera vez las mujeres peruanas (1956).
- Fue lazanda la televisión a color por la CBS (1951), pero al Perú solo llegó la televisión en blanco y negro (1958).

- **Susan:** Madre de Julius. Siempre linda, refinada y elegante, una darling. Vive pendiente de las crónicas sociales. Sus buenas intenciones quedan opacadas al enfrentar a un marido que domina su frágil personalidad.

- **Juan Lucas:** Padrastro de Julius. Hombre elegante de 1,87 m, se preocupa por tener siempre listas sus camisas de seda. Experto jugador de golf. Su matrimonio con Susan marca el fin del antiguo orden patriarcal.

- **Cinthya:** Hermana de Julius. De personalidad nerviosa, es dulce y frágil, pero siempre está cansada. Es el contacto de Julius con el mundo exterior y una de las pocas luces en una casa que siempre permanece en sombras.

- **Vilma:** Ama de Julius. Es la chola más hermosa de Puquio, guapa y blancona. Es ella, hasta su marcha forzada, quien, con el resto de la servidumbre, proporciona el afecto negado por una familia a la que los convencionalismos obstruyen.

Julius

ENTRE LA EVASIÓN Y LA SOLEDAD

Vida nueva, casa nueva... y mientras la construyen, Juan Lucas decide que vivan en el Country Club. Cualquier cosa para huir de aquel palacio antiguo y tristón, herencia de un abolengo venido a menos. El Country significa evasión: un buen partido de golf hace olvidar cualquier problema. Sin embargo, para Julius, es sinónimo de soledad y abandono.

EL PALACIO ORIGINAL

Julius nació en una antigua casa de Orrantia, en la avenida Salaverry frente al antiguo hipódromo de San Felipe. El llamado "palacio original" tenía cocheras, jardines, piscina, un pequeño huerto y un área destinada a la servidumbre, donde Julius descubrió a seres más reales que los de su propia familia.

LOS AMIGOS Y ALGO MÁS...

Julius recibió una educación sajona en el colegio Inmaculado Corazón, dirigido por monjas norteamericanas. Es el primer paso en solitario hacia el mundo exterior y allí descubrirá las diferencias sociales. En este escenario se dará la evolución de Julius, que comprenderá que ha crecido y "ya era un grande".

Orejas grandes, señal de que es un niño curioso y receptivo.

Mirada profunda y reflexiva que, durante un tiempo, bizqueará un poco, una manera de somatizar la muerte de Cinthya.

Postura desde la que percibe todo: talones juntísimos, puntas de los pies muy separadas, manos pegadas al cuerpo.

LA MUERTE

Desde muy pequeño, Julius deberá enfrentar lo inevitable. Cuando tiene un año y medio muere su padre. Luego, con la muerte de su ama Bertha toma conciencia de lo que significa el dolor. La muerte de su hermana será el gran trauma que lo marcará para siempre.

Mis libros preferidos

~~Cartas de lectores~~

~~Cartas de escritores~~

~~Cartas de amigos~~

~~Mis fotografías~~

~~Mis películas favoritas~~

~~Escritores, traductores,~~
~~críticos y amigos.~~

~~Correspondencia~~

*P*oco o nada es lo que tengo que añadir en lo que se refiere a la lista de mis diez libros favoritos, tal como aparece ya en 1995 en *Permiso para vivir,* el primer volumen de mis antimemorias, salvo tal vez que durante los últimos años que pasé en Europa —y más precisamente en Barcelona, de 2002 a 2008— leí bastante poesía peruana posterior a César Vallejo y también bastante poesía actual. Me quedo, de lejos, con Blanca Varela, Emilio Adolfo Westphalen, Carlos Germán Belli y, cómo no, Rodolfo Hinostroza. Sí creo que hay otros poetas que escribieron libros de valor en su juventud, como Antonio Cisneros y, sobre todo, César Calvo (quien, es cierto, falleció siendo aún relativamente joven y, además, fue un hombre increíblemente generoso, que, entre otras cosas, se pasó mucho tiempo ayudando con sus correcciones a varios otros autores y compositores, descuidando o postergando de esta manera lo suyo propio, creo yo), pero cuya madurez desgraciadamente ha sido más bien silenciosa o con algunos poemas ya tardíos y, de ellos, poco o nada que rescatar.

En narrativa sí hay varios nombres jóvenes con una obra que promete e incluso ha cumplido ya, como es el caso de Raúl Tola, Santiago Roncagliolo, Jorge Eduardo Benavides, Iván Thays y el muy original Daniel Alarcón, pero sin duda alguna es Alonso Cueto el único novelista aún joven y ya internacionalmente consagrado, y, qué duda cabe, muy merecidamente también. Pero, en fin, no sigo, por temor a precipitarme, si es que no lo he hecho ya.

En el panorama internacional añadiría a mi lista de los diez libros favoritos *El corazón helado*, de la gran narradora Almudena Grandes, y *Bartleby y compañía*, de Enrique Vila-Matas, ambos españoles y con una obra realmente valiosa. Y añado, sin un ápice de duda y totalmente rendido ante su humor y su genial desmesura, *La isla del segundo rostro*, del alemán Albert Vigoleis Thelen, o Telen, sin *h* (en este instante dudo, y no logro dar con el libro, aunque sé que por ahí anda, felizmente, y en dos copias, además, ahora, porque ya me ocurrió hace algún tiempo prestarle un ejemplar a un amigo que jamás logró leerlo pero que, eso sí, no me lo ha devuelto jamás, hecho imperdonable).

O sea que digamos, cuando menos, que mi lista de diez libros favoritos se ha convertido, con toda seguridad, en una lista de once libros favoritos, gracias a la genial aportación de aquel otro monstruo de la desmesura y el humor cervantino y rabelaisiano que es el alemán Vigoleis Thelen. Sí. Es Thelen, con *h*. Acabo de encontrar mis tomazos de *La isla del segundo rostro* y su genial autor es el gran maestro Albert Vigoleis Thelen, con *h*.

Por último, y en lo que a poesía se refiere, sigo encontrándome, de tarde en tarde y cuando menos lo pienso, ante unos versos de Quevedo o de César Vallejo. Y lo demás, como diría Augusto Monterroso, es silencio.

DON
QUIJOTE DE
LA MANCHA

Miguel
de Cervantes

GARGANTÚA Y
PANTAGRUEL

François
Rabelais

VIDA Y
OPINIONES
DEL
CABALLERO
TRISTRAM
SHANDY

Laurence
Sterne

LA CARTUJA
DE PARMA

Stendhal

EN BUSCA
DEL
TIEMPO
PERDIDO

Marcel
Proust

The Complete Short Stories of Ernest Hemingway

SCRIBNER

Under the Volcano

MIGUEL DE CERVANTES
DON QUIJOTE DE LA MANCHA

EDICIÓN DEL
IV CENTENARIO

REAL ACADEMIA ESPAÑOLA
ASOCIACIÓN DE ACADEMIAS DE LA LENGUA ESPAÑOLA

ALFAGUARA

VALLEJO · OBRA POÉTICA COMPLETA

RABELAIS
ŒUVRES COMPLÈTES

CÉLINE
ROMANS

STENDHAL
ROMANS
00

VIAJE AL FINAL DE LA NOCHE

Louis-Ferdinand Céline

BAJO EL VOLCÁN

Malcolm Lowry

OBRA COMPLETA

Francisco de Quevedo

CUENTOS COMPLETOS

Ernest Hemingway

OBRA POÉTICA COMPLETA

César Vallejo

Mis películas favoritas

1. **CITIZEN KANE,** de Orson Welles.
2. **TOUCH OF EVIL,** de Orson Welles.
3. **F FOR FAKE,** de Orson Welles.
4. **THE LADY FROM SHANGHAI,** de Orson Welles.

Y que nadie diga que exagero con esta *descarada* preferencia por el cine del maestro Welles, ya que mi respuesta inmediata sería, sin duda alguna, añadir *Mr. Arkadin* o *The Magnificent Ambersons*, por más que sepa que el final de esta última película se lo cambiaron descaradamente en Hollywood, con todo tipo de engaños. Y es que Welles fue, por un lado, un director de la desmesura, como en literatura lo fueron autores como Cervantes, Rabelais, Laurence Sterne, Stendhal o Céline, los cinco novelistas a los que he regresado siempre, como regreso siempre también al cine de Orson Welles. Este hombre genial logró incluso que Charlton Heston y Janet Leigh parecieran verdaderos actores de cine, aunque este no sea más que un minúsculo detalle de valor en medio de todo lo que el gran Orson Welles logró hacer en su vida, casi siempre irremediablemente desterrado de Hollywood, además, y con presupuestos tan indignos que solo serían dignos del cine peruano, por decirlo de alguna manera.

5. **THE STORY OF THREE LOVES,** de Vincente Minelli y Gottfried Reinhardt.
Dos de estos tres *sketches* me partieron el corazón a los trece años, en el cine Metro, cuando ese cine era aún el mejor de la ciudad y uno iba a ver sus películas muy a menudo al centro de Lima. Hoy esos dos mismos

sketches que, como todas las otras películas que figuran en esta lista, tengo en mi pequeña *cinemateca privada*, todavía me parten lo que de aquellos trece años aún le queda a mi corazón de setenta.

6 THE BAREFOOT CONTESSA, **de Joseph Mankiewicz.** Ava Gardner más bella que nunca y un tierno Humphrey Bogart, en esta profunda radiografía de lo que fue la Costa Azul antes de la invasión de los Rainiero de Mónaco y las mafias inmobiliarias. Nada logra arruinar esta joya del cine, ni siquiera la aparición en el reparto de Rossano Brazzi, y nada menos que en plan de auténtico conde italiano, algo capaz de producirle un colapso hasta a un conde italiano de medio pelo, si es que eso existe.

7 PANDORA AND THE FLYING DUTCHMAN. Por más que miro y vuelvo a mirar mi DVD, jamás sabré quién diablos dirigió esta irregular película en que, aunque parezca mentira, Ava Gardner sale incluso más bella que en *The barefoot contessa* y James Mason, mi actor preferido, luce una dentadura más fea que nunca, habla como siempre el mejor inglés de la historia del cine y le da verdad a la truculencia de un filme que fue el más grande fetiche de los surrealistas y que a mí me gusta tanto que por momentos hasta me siento surrealista y director de la película. De aquí, sin duda alguna, su irregularidad y también el que siempre acabe por olvidarme quién diablos fue el director de la misma y encima de todo que hasta el día de hoy no haya sabido tampoco muy bien qué diablos hacer con Ava Pandora en un yate y saliendo del agua con un albornoz amarillo y a punto de *entregarse* —el sutil lector entenderá el eufemismo—, no sé tampoco, hasta el mismísimo día de hoy, si a la paleta de un James Mason errante y elegantísimo, gracias a un atuendo entre pirata y Rembrandt, palabra de honor. Y todo esto en una atmósfera tan absolutamente familiar

que, de pronto, como por arte de magia y/o surrealismo, resulta ser que en aquel yate también estoy yo y que el albornoz es mío, y ahorita mismo también resulta que el yate mismo es mío y que el holandés este del diablo se ha apoderado de mi paleta, de mis pinceles, de mis tubitos-chisguetitos multicolores y... En fin, de mí mismo. Pero resulta de golpe que la cosa no acaba ahí, tampoco, damas y caballeros... No, además la cosa nunca jamás acaba ahí, o sea que igualito que en los sueños y que en Sigmund Freud buscándole tres pies al gato.

8 PICKUP ON SOUTH STREET, **de Samuel Fuller.** El mejor y más cruel de todos los villanos de la historia del cine negro (aunque también protagonizó *westerns* y policiales memorables) fue, sin duda, Richard Widmark. Verlo robarle la cartera a su novia mientras la besa en una especie de muelle-muladar o verlo arrojar a una anciana paralítica por una escalera, con silla de ruedas y todo, es incluso una delicia, tratándose de él. Nunca me canso de volver a verlo y de volver a soltar esa risa sardónica y cruel, a un tiempo, una risa que se queda siempre a medias, además, ya que un perfecto gesto de desprecio hace, por decirlo así, el resto del trabajo. En fin, lo que se dice una risa *marca de la casa*, e irrepetible, sin duda alguna.

9 PATHS OF GLORY, **de Stanley Kubrick.** El más grande alegato jamás escrito o filmado contra la guerra.

10 THE QUIET MAN, **de John Ford.** Irlanda más bella que nunca y John Wayne y Victor McLaglen más divertidos y conmovedores que nunca antes.

11 RODGERS AND HAMMERSTEIN'S THE KING AND I, de Walter Lang.

Hay que rendirle siquiera un homenaje a la comedia musical en esta lista, ya que entre otras cosas es un género inventado por Hollywood y que jamás nadie ha logrado siquiera imitar medianamente bien. Fue también la primera y la mejor película de Yul Brynner, con excepción tal vez de *Los siete magníficos,* lo cual, en honor a la verdad, o *noblesse oblige,* llámelo usted como quiera, me obliga a meter aquí de contrabando el cine íntegro de **Akira Kurosawa**, empezando por SINCHININ NO SAMURAI y, *viene a continuación,* como decían antaño cuando anunciaban un próximo estreno, después de la película que nos aprestábamos a ver, la magnífica DERUSU UZARA y, viene además a continuación RASHOMON, que aprovecho pues para meter de contrabando aquí, junto con varias más de Kurosawa, para evitar de esta manera alcanzar ya tan pronto la cifra de catorce o más películas en una lista que no debe pasar de doce y que aún no he acabado, ni lo pienso hacer, no, no se lo crean ustedes, porque, aunque además no vendría ni siquiera al caso colar a un cubano cuando estamos infiltrando a un japonés, pues sí, señoras y señores, y viene a continuación una vez más la inolvidable MEMORIAS DEL SUBDESARROLLO, una película que no debió de acabarse nunca, entre otras cosas porque hasta el sátrapa Fidel Castro sigue en el poder y un cubano de la talla de mi cuate **Tomás Gutiérrez Alea** no debió morirse jamás. Y *huelgan* más comentarios, por más que en Cuba no exista ni siquiera el derecho de huelga. Y viene a continuación, ahora sí que sí, la película número 12 de esta lista, que además es nada menos que:

12 Hay que rendirle también, cómo no, homenaje al inmortal cine del oeste —única posibilidad de hacer epopeya en nuestro tiempo—, al menos con dos películas de ese gran contestatario del género que fue

Sam Peckinpah: THE WILD BUNCH, de inusitada violencia, y sin duda alguna el mejor *western* crepuscular jamás filmado, con suicidio masivo de los antihéroes y todo, como, digamos, final feliz. Y vino muy pronto después THE BALLAD OF CABLE HOGUE, un *western* al filo de la navaja, eso sí, e incluso con las justas, pero que por su inusitada ternura resulta ser casi el polo opuesto de THE WILD BUNCH. Conocí a la burbujeante Stella Stevens, protagonista de esta película, aún tan joven y entrañable como en THE BALLAD OF CABLE HOGUE, y me contó el horror que había significado para ella y para el propio Sam Peckinpah filmar con un actor, Jason Robards, que hacía lo imposible por dejar de beber —en la vida real, por supuesto— y de otro, David Warner, al que lo único que le interesaba, dentro y fuera de la vida real, era mantenerse absolutamente borracho.

—Y, díganme ustedes, ¿qué hacer ahora para no tener que terminar aquí?

—Pues sí, excelente idea. Realmente excelente y un millón de gracias, de veras.

13 Y ahora sí, para terminar lo que siempre será una muy incompleta lista, hay que rendirle también homenaje al gran cine italiano del siglo pasado. La comedia italiana de los años setenta, por ejemplo, con actores tan geniales como Alberto Sordi, Ugo Tognazzi, Marcello Mastroianni, Vittorio Gassman o Nino Manfredi —a los que mi memoria les suma en este instante al inefable Totó, allá por los años cincuenta— y directores tan inmensos como Luigi Commencini, **Ettore Scola, Dino Risi,** y varios más. La inolvidable comedia italiana de los años setenta, además, ronda siempre el drama y este el melodrama y este la mismísima tragedia, en una perfecta fusión y hasta maravillosa confusión, o sea igualito que en la vida misma, tal como sucede con IL SORPASSO o C'ERAVAMO

TANTI AMATI y muchísimas películas más. Y por supuesto que tiene también aquel gran cine más de una frontera con los grandes frescos de la decadencia de Italia, de Europa y de Occidente todo, cuyos maestros fueron el **Visconti** de IL GATTOPARDO y de tantas otras grandes películas más, el gran **Vittorio de Sica** y el inolvidable **Federico Fellini** de AMARCORD o de E LA NAVE VA y...

Pero bueno, llegado a este punto no me queda más remedio que ponerme taurino y cambiar de tercio antes de que el señor juez haga sonar su clarín, o como se le llame a la cornetita esa que se usa para soltarle al matador el primer aviso, el segundo o el tercero, que yo ya debo andar por el quinto, si es que tantos avisos existen.

En fin, creo que a estas alturas resulta fácil de creerme que, sin alguna, con la ayuda de algunos amigos más, pero tampoco de muchos, la verdad, mi lista de doce películas favoritas alcanzaría las doce mil películas, por lo que solo quiero añadir que nunca me he considerado ni siquiera un cinéfilo, ya que jamás he estudiado o analizado una sola de las películas que he visto, ni siquiera aquellas que veo una y otra vez, incansablemente. Me limito a ser un gran cinemero, más bien, o sea una persona que se entrega a una historia contada en imágenes, a su música, sus palabras, sus sonidos, sus efectos especiales, como quien se entrega a la más deliciosa ensoñación. ❖

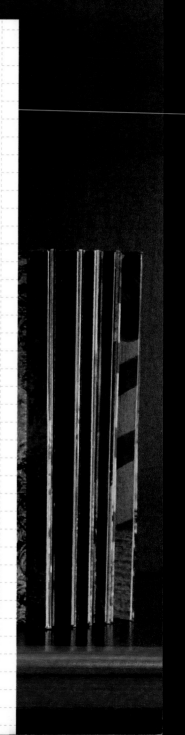

ÁLBUM

Un recorrido por el universo familiar, la infancia, la juventud, los amigos y los viajes del escritor.

Banquete en el salón dorado del palacete de los abuelos maternos, a los que acompañan el entonces presidente Óscar R. Benavides y la señora Paquita, su esposa.

Su padre, Francisco Bryce Arróspide, tímido entre los tímidos, sonríe sorprendentemente entre varias empleadas del Banco Internacional.

Con su padre y Eduardo, el segundo de sus hermanos, en su casa de la avenida Salaverry.

Su madre, Elena Echenique Basombrío, su gran amiga. Lo visitó varias veces en Europa, después de la muerte de su padre. Con ella realizó más de un legendario viaje de París a la Costa Azul. Partían siempre de la Gare de Lyon, en el maravilloso Train Bleu, que los llevaba hasta Cannes. Otra de sus visitas obligadas en París era la casa de Proust, donde asombraba a los propios guardias, y hasta a alguna sobrina del autor, con su capacidad para citar páginas enteras de *À la recherche du temps perdu*.

En la casa que sus padres alquilaban en la avenida Alfonso Ugarte, en el centro de Lima.

Con sus hermanos mayores, Clementina y Eduardo.

En el Inmaculado Corazón, en la década de 1940.

Ricardo Nugent Valdelomar, sin duda el mejor y más divertido profesor del colegio San Pablo, según Bryce, que lo recuerda como un gran excéntrico, de erudición y humor sin límites.

Dr. Nugent

«[...] el 15 de febrero de 1964, me gradué de abogado con una larga tesis sobre "Compensación en el Código Civil Peruano", algo sobre lo que realmente no había casi nada que decir [...]. Estudié Literatura paralelamente, también en San Marcos, y la verdad es que, como en tantas cosas en mi vida, había pasado muy poca agua bajo los puentes del limeñísimo río Rímac durante los siete años que duró todo eso».

Una reunión en casa del profesor Nugent Valdelomar. Allí solían oír todo tipo de música, pues tenía también una discoteca formidable.

Tere Ghezzi, su primera enamorada y hasta hoy su gran amiga.

1956

Foto de 1956 con el uniforme del colegio San Pablo, donde cursó estudios de secundaria.

«*Mi pasión por la literatura despertó el último año de secundaria,* cuando el profesor Ricardo Nugent Valdelomar, sobrino de Abraham Valdelomar, empezó a hacerme escribir cuentos. Se divertía mucho con las cosas que contaba y me hacía ver que había en mí una vocación preconsciente, digámoslo así, la que se estrelló los primeros años de universidad con la cerrada oposición de mi familia, especialmente mi padre. No de mi madre, que más bien me la fomentaba, porque era una gran lectora de literatura francesa».

(César Lévano y Alfredo Pita, «La novela y la vida de Alfredo Bryce», en *Alfredo Bryce ante la crítica*, p. 41)

LA VIDA del San Pablo

En Colán, Piura, el año 1956, con su amigo y compañero del colegio San Pablo Carlos León Trelles, sus padres y otros amigos.

En el Salón de Grados de la Facultad de Derecho de San Marcos, sustentando su título de Bachiller.

A bordo del *Allen D. Christensen*, con el operador filipino, el capitán y su amigo de San Marcos François Mujica. El viaje duró 19 días.

En 1964, en el cuartucho de "el hotel sin baños", escenario parisino recreado en *La vida exagerada de Martín Romaña*.

Maggie Revilla, primera esposa y hoy gran amiga, en la campiña de Burdeos.

En agosto de 1966, con Maggie y sus anfitriones, los Berenguer, en una feria en Almería, España, donde solía veranear y asistir a toros todos los días.

Con la escritora catalana Ana María Moix, en Barcelona, 1970. La columpiada y las sonrisas fueron exigencia de la fotógrafa, Colita, ya que los dos retratados sufrían de depresión nerviosa.

En Sacsayhuaman, Cusco, en 1972, acompañado por los poetas Paolo Vitale y Luis *El Cholo* Nieto.

En 1975, uno de los tantísimos almuerzos dominicales en París, con Julio Ramón Ribeyro. Solían quedarse hasta que caía la noche.

El 29 de mayo de 1975, en París, en una cena con motivo de la visita del escritor mexicano Juan Rulfo, sentado en el extremo derecho del sillón. A su izquierda, Manuel Scorza, Alfredo Bryce, Nicole Adoum y los anfitriones, Augusto Monterroso y Bárbara Jacobs. De pie, de derecha a izquierda: Sergio Pitol, Waldo Rojas, Julio Ramón Ribeyro, Jorge Enrique Adoum, Claude Couffon y Enrique Lihn.

Recorriendo París en 1970.

En el aeropuerto de Lima, regresando a París en 1978, con su madre. La toma es del fotógrafo Carlos *Chino* Domínguez.

En 1979, con su amigo salvadoreño Mario Hernández, en la Costa Azul. En un bungalow alejado de la residencia principal, Bryce escribió una parte de *La vida exagerada de Martín Romaña*.

En México D.F., una noche de jarana en 1983, tras oír a Las Hermanas Navarro. De izquierda a derecha, sentados: Luis Nieva, Pepe Esteban y Bryce. De pie: Benito Taibo, Tania Libertad y Luis Ruiz.

En 1986, al lado de Trini Pérez, que fuera su novia y vicepresidenta de la Casa de las Américas.

En la inauguración del Premio Casa de las Américas de 1986, en La Habana, Cuba. Entre otros, Gabriel García Márquez, la célebre bailarina cubana Alicia Alonso y el poeta también cubano Roberto Fernández Retamar.

Navegando entre cayos caribeños en 1986. De izquierda a derecha: Julio Feo, Javier Solana, Alfredo Bryce, Gabriel García Márquez y Osvaldo Guayasamín.

Una inolvidable reunión de escritores en una playa de Baja California,
en Nuevo México, en setiembre de 1980. Disfrutaron las célebres
«almejas chocolatas» que casi todos llevan en las manos. De
izquierda a derecha: Carlos Barral, sentado, Pepe Esteban, Francisco
Ignacio Taibo, Santiago Gluovés, Luis Ruiz y Ángel González.

En Málaga, España, con Antonio Linares, en 1985. Se
conocieron cuando ambos acababan de llegar a París, en 1964.

En Santander, España, en 1985, con James Baldwin, a quien Bryce había conocido en París en 1973.

En la playa de Calafell, en Tarragona, Cataluña, donde Bryce pasó muchos verano al lado de Carlos Barral, su primer editor. Solían navegar en el *Capitán Argüelles*. Además de editor del *boom* de la literatura latinoamericana y viajero, Carlos Barral fue poeta, memorialista y novelista. Hoy, su casa de Calafell es un museo. Bryce suele visitar e restaurante L'Espineta, que la viuda de Carlo y algunos de sus hijos atienden desde la primavera hasta el otoño.

En Berkeley, California, en 1987, con su amigo Ray Poiriers, a quien conoció en París en 1964, cuando ambos estudiaban en La Sorbona.

Con Marita Souza y Alfredo Ruiz Rosas en su departamento de
Barcelona, en 1986, su primera estancia en esa ciudad.

Con Francisco Umbral y José Saramago y su esposa, Pilar del
Río, en Madrid, hacia 1990.

Al final de un buen día de pesca en México, en 1992.

En 1994, en Isla Negra, Chile, tras visitar la casa de Pablo Neruda.
Aparecen, entre otros, Gonzalo Contreras, Tamara Avetikián, Arturo
Fontaine y Carlos Franz.

El el restaurante madrileño La Gran Tasca, en 1994, con Tito
Monterroso y Bárbara Jacobs, y Héctor Aguilar Camín.

Con Mario Vargas Llosa y Eduardo Garrigues, entonces director de la Casa de América, en 1994.

En 1995, agradeciéndole al embajador de Francia en Madrid su nombramiento como Caballero de las Artes y las Letras de Francia. Posteriormente fue ascendido a Oficial.

A la entrada de una corrida en Las Ventas, Madrid, en julio de 1994, con Javier Echecopar, Guillermo Niño de Guzmán, Julio Ramón Ribeyro y Fernando Carvallo.

En agosto de 1996, con Luis León Rupp, en cuya casa de la bahía de Formentor en Mallorca, Alfredo Bryce solía veranear y escribir. Con él pasaba también la Feria de Abril de Sevilla.

En 1995, en París, inaugurando la primera sede del Instituto Cervantes. De izquierda a derecha: Alfredo Bryce, Claude Couffon, Belisario Betancourt y Nicolás Sánchez Albornoz.

Con el escritor chileno Luis Sepúlveda, en París, en 1997.

En Madrid, 1995, retratado por el fotógrafo de los escritores latinoamericanos, Daniel Mordzinski.

Con su esposa, Anita Chávez, en la Finca de San Cayetano, en julio de 1995, con el torero Antonio Ordóñez, ya retirado. Allí, en un antiquísimo pozo al lado del jardín, fueron arrojadas las cenizas de Orson Welles, su ídolo.

En 2005, con Alonso Cueto en la presentación en Madrid de *La hora azul*, ganadora del Premio Anagrama. Se conocieron cuando Alonso era estudiante en la Universidad de Austin, en Texas.

Con Anita Chávez en la casa de Casuarinas, donde vivieron entre 1999 y 2002. Bautizó la casa como Hillside Drive, pues se hallaba en un camino que llevaba hasta lo más alto de los cerros.

En Aranjuez, octubre de 2005, con José Luis Rodríguez Zapatero, presidente del gobierno español.

En Barcelona, en noviembre de 2007, con Jorge Herralde, durante la celebración del Premio Anagrama.

Este libro se terminó de imprimir
en los talleres gráficos de World Color Perú S. A.
Los Frutales 344, Lima 3 - Perú,
en el mes de abril de 2010.